实施汽车自动变速器维护

（学生用书）

（第3版）

主　编　赵计平
主　审　简晓春

重庆大学出版社

内 容 提 要

本书系统介绍了现代汽车自动变速器结构知识和维护自动变速器的技能。全书共分六个学习单元，主要从自动变速器概述、认识液力变矩器工作过程及识别部件、认识行星齿轮机构换挡原理和识别主要部件、认识液压控制系统作用和工作原理、认识电子控制自动变速器作用和组成、实施自动变速器维护程序等方面进行介绍。

本书可作为中等职业学校汽车维修相关专业教学培训的教学用书，也可作为汽车维修行业初、中级技术工种及相关专业企业员工的培训教材，还可作为下岗工人、农民工技能培训的教学材料。

图书在版编目(CIP)数据

实施汽车自动变速器维护：学生用书/赵计平主编
. -- 3 版. -- 重庆：重庆大学出版社，2020.4
中等职业技术教育汽车运用与维修专业系列教材
ISBN 978-7-5624-4317-9

Ⅰ.①实… Ⅱ.①赵… Ⅲ.①汽车—自动变速装置—车辆修理—中等专业学校—教材 Ⅳ.①U472.41

中国版本图书馆 CIP 数据核字(2020)第 049865 号

实施汽车自动变速器维护
(学生用书)
(第 3 版)
主 编 赵计平
主 审 简晓春
责任编辑：王维朗 曾令维 版式设计：曾令维 王维朗
责任校对：任卓惠 责任印制：张 策
*
重庆大学出版社出版发行
出版人：饶帮华
社址：重庆市沙坪坝区大学城西路 21 号
邮编：401331
电话：(023) 88617190 88617185(中小学)
传真：(023) 88617186 88617166
网址：http://www.cqup.com.cn
邮箱：fxk@cqup.com.cn (营销中心)
全国新华书店经销
重庆紫石东南印务有限公司印刷
*
开本：787mm×1092mm 1/16 印张：8.25 字数：206 千
2020 年 4 月第 3 版 2020 年 4 月第 5 次印刷
ISBN 978-7-5624-4317-9 定价：25.00 元

前　言

本书是根据中国—澳大利亚（重庆）职业教育培训合作项目课程设计与教材开发的指导性文件《汽车维修技术人员培训能力标准》中的核心能力标准《QTPBW041 检查和维护自动变速器》，并结合教育部《面向 21 世纪教育振兴行动计划》，中等职业学校《汽车运用与维修专业教学指导方案》和劳动部《汽车修理工国家职业标准》编写而成的。

本书借鉴了中澳（重庆）职业教育和培训合作项目中教材开发和课程设计的理念，突出以能力为本位、以学生为中心、以行业为导向的指导思想。根据学习者的特点，制订学习目标，选择开展灵活多样的教学活动和丰富多彩的教学手段，达到教学的目标。教学中知识与技能并重，通过开发主动教学活动和适当的鉴定工具，使学习者达到能力标准要求。

本课程的教学目标是：认识液力变矩器传动原理、简单行星齿轮与复合行星齿轮机构工作原理、超越式离合器工作原理、换挡机构原理、液压系统和电控液压电子系统等基本知识；了解维护自动变速器的安全注意事项；识别自动变速器各个零件；能使用维护资料按程序进行自动变速器维护操作，能正确填写自动变速器维护报告。

本教学材料分为学生学习手册和教师教学指南。学生学习手册为学生学习汽车自动变速器维护的知识和技能提供帮助，教师教学指南为教师设计、开展教学活动提供参考。同时，将开发教学课件配合师生共同完成教学目标。

本教学材料可作为中等职业学校汽车运用与维修专业中级技术工种及相关教学培训的师生用书，也可作为汽车维修行业有关人员、下岗职工、农民工技能培训（初级工、中级工）或自学者的学习用书。

教学材料目标群体具有的先前能力：初中毕业或相当于初中文化程度。

本教学材料建议教学时数为 70 学时。

本书由重庆工业职业技术学院赵计平担任主编、由重庆工业职业技术学院李雷、重庆工学院邹继文担任副主编。书中张晋源编写第三单元 3.1 节，邹继文编写第三单元 3.2 节，李雷编写第五单元，李维德、何力编写第六单元 6.1 节。其余部分皆由赵计平编写。全书由重庆交通大学简晓春教授担任主审。

本书得到了重庆汽车行业协会、重庆市公交维修公司的大力支持，得到了项目伙伴学校的帮助，在此表示衷心感谢。

由于编者水平有限，书中不妥之处难以避免，恳请读者批评、指正。

编　者

2020 年 2 月

目　录

序　言

1. 科目学习目标

根据《汽车维修技术人员培训能力标准》中的核心能力标准《QTP-BW041 检查和维护自动变速器》,本科目围绕实施自动变速器维护基本知识和实施规定的维护程序所必要的能力进行编写,学习者通过本科目学习,形成维护自动变速器的以下能力。

基础知识:

①有关职场健康安全法规、环境保护法、设备、材料和个人安全要求。

②与自动变速器运转接触的危险。

③液体传动动力知识。

④传递动力流体路径。

⑤换挡机构。

⑥单排行星机构的工作原理。

⑦多排行星齿轮机构的工作原理。

⑧超越式离合器工作原理。

⑨确认工作原理。

⑩识别部件。包括:固体、液体、气体、加热部件。

基本技能:

①准备检查自动变速器工作。

②完成检查,分析结果。

③准备维护自动变速器工作。

④实施维护自动变速器程序。

⑤填写维护报告。

⑥提交车辆使用或存放。

2. 学生用书适应的学习对象

本书主要指导具有初中文化程度以上,从事汽车维修行业的学习者获取维护自动变速器方面的能力。

3. 学习前应具备的能力

在开始学习这个科目之前,学生必须具有以下能力:

- 汽车维修职场健康与安全
- 常用职场工具和设备
- 实施汽车发动机维护
- 实施汽车电气设备维护
- 实施汽车液压系统维护
- 实施汽车电控发动机初级维护

4. 科目学习方法

(1)章节学习内容和学习方法建议

章节名称 (能力要素)	学习内容 (能力实做指标)	学习方法建议						
		叙述式	互动式	小组讨论	案例分析	角色扮演	演示示范	现实模拟
单元一 自动变速器概述	1.1 认识自动变速器的作用、类型和组成	√		√	√			
	1.2 自动变速器主要部件及基本功能	√		√	√			
	单元鉴定							
单元二 认识液力变矩器工作过程及识别部件	2.1 认识液力变矩器的组成和结构	√						
	2.2 认识液力变矩器动力传递原理和扭矩放大原理	√	√	√	√	√		
	2.3 认识锁止离合器机构的作用和工作过程	√	√	√	√			
	单元鉴定							
单元三 认识行星齿轮机构换挡原理和识别主要部件	3.1 行星齿轮机构的组成与结构	√	√	√	√			
	3.2 行星齿轮机构的换挡原理		√	√	√	√	√	√
	单元鉴定							

续表

章节名称（能力要素）	学习内容（能力实做指标）	学习方法建议						
		叙述式	互动式	小组讨论	案例分析	角色扮演	演示示范	现实模拟
单元四 认识液压控制系统的作用和工作原理	4.1 液压控制系统的作用	√	√	√	√			
	4.2 液压控制系统的类型和组成		√	√	√	√	√	√
	4.3 液压控制系统回路		√	√			√	√
	4.4 液压控制系统的主要元件	√	√	√	√	√	√	√
	4.5 液压控制系统换挡控制		√		√			
	4.6 液压控制系统各挡液体动力传递线路							
	4.7 自动变速器油(ATF)							
	单元鉴定							
单元五 认识电子控制自动变速器的作用和组成	5.1 电子控制自动变速器的作用							
	5.2 电子控制自动变速器控制优点							
	5.3 电子控制自动变速器的组成							
	5.4 电子控制自动变速器控制功能							
	单元鉴定							
单元六 实施汽车自动变速器的维护程序	6.1 维护前检查							
	6.2 检查和调整节气门拉索							
	6.3 检查和调整换挡拉索							
	6.4 调整空挡开关							
	6.5 道路测试							
	6.6 更换自动变速器油和滤清器							
	6.7 填写维护文件							
	单元鉴定							

(2)学习步骤

学生可以按照学习材料在课堂上学习,也可以根据自己的能力,按照学习材料自学。其学习步骤如下:

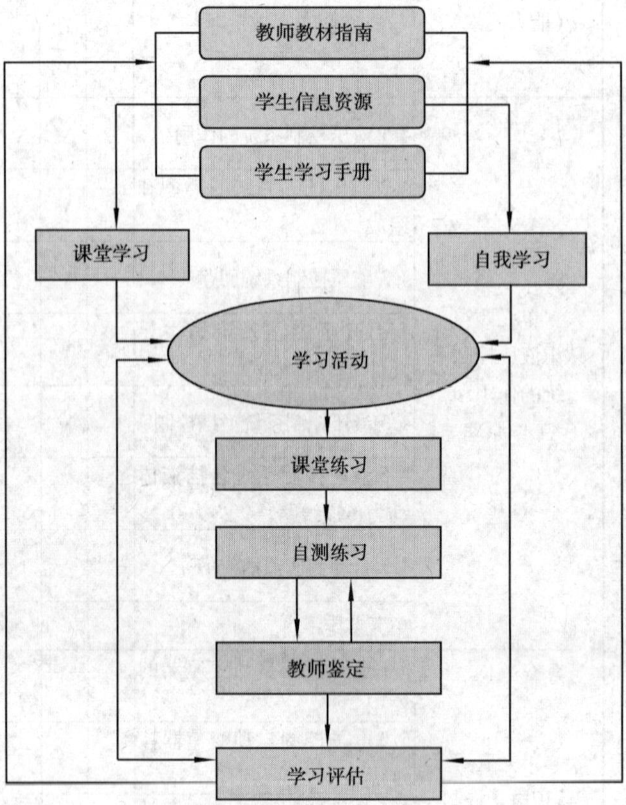

学生学习步骤

第一步:当你打开学习手册

①学生用书指导(图标提示)你应该做什么?

②学生用书中的问题考察你的知识点。

③回答学生用书中的问题。

④请教师鉴定你的学习效果。

第二步:当你完成理论知识部分问题后

①进行下一步活动(实作)。

②找到你需要的工具和设备。

③完成学生用书中涉及的实作任务。

④让教师鉴定你的工作,鉴定内容包含所有文档中的任务。

注意

在你有下列困难时,教师将帮助你成为有能力的汽车维修技术人才。

- 理论知识

- 查找资源
- 理解和完成你的实作任务
- 理解你为何必须做某些事
- 任何其他问题

请记住：一定要告诉你的教师，并寻求帮助。

(3)图标介绍

师生应根据图标提示的学习步骤要求进行教与学。

学生用书(教师用书)中的图标	图标含义
	学习目的
	学习资源
	设备
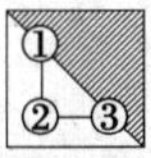	学习步骤
	实际操作和学习活动
	鉴定
	安全警告、注意事项
	评估

5. 科目学习鉴定指南

(1)鉴定标准

《汽车维修技术人员培训能力标准》中的核心能力标准《QTPBW041 检查和维护自动变速器》。

(2)鉴定证据指南

- 基础知识和技能可以在岗或离岗进行鉴定。
- 实践技能的鉴定应当在经过一段时间的指导实践和重复练习取得经验后进行。
- 不能提供职场实地鉴定的，鉴定可以在模拟的工作场所进行。

• 规定的学习应在没有教师直接的指导下完成。

(3) 收集证据的方法

单元名称 鉴定方法	单元一 遵守职业健康安全条例	第二单元 辨识危险与评价风险	第三单元 事故预防与控制危险的策略	第四单元 执行应急救援程序
工作场所观察	★	★	★	★
模拟或角色扮演	★	★	★	★
口头提问	★	★	★	★
书面提问	★	★	★	★
技能展示			★	
案例分析	★	★	★	★
项目工作和任务		★	★	★
证据素材收集		★	★	

(4) 鉴定时间安排

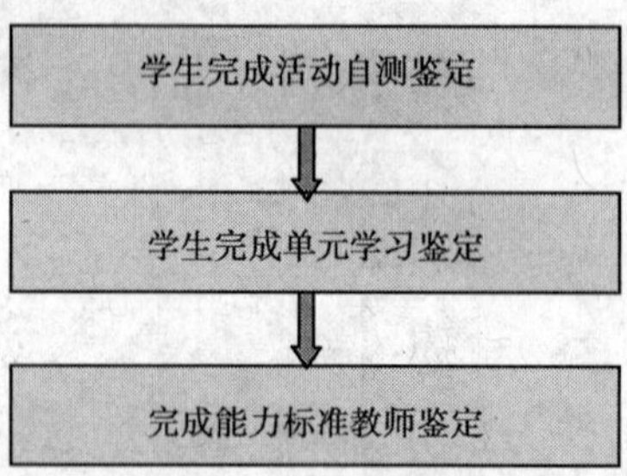

6. 教学评估方法

(1) 教学评估目的

教师、学生、教育管理部门是对学生学习需求信息的及时反馈，是对课程教学活动设计和实施过程的质量监控，是对学生学习参与程度的及时检查。

(2) 教学评估的标准

《汽车维修技术人员培训能力标准》中的核心能力标准《QTPBW041 检查和维护自动变速器》。

(3) 教学评估的内容

• 学习者和工作场所的反映

• 学习效果

- 应用于行业需求
- 工作场所的结果

(4)教学评估的计划

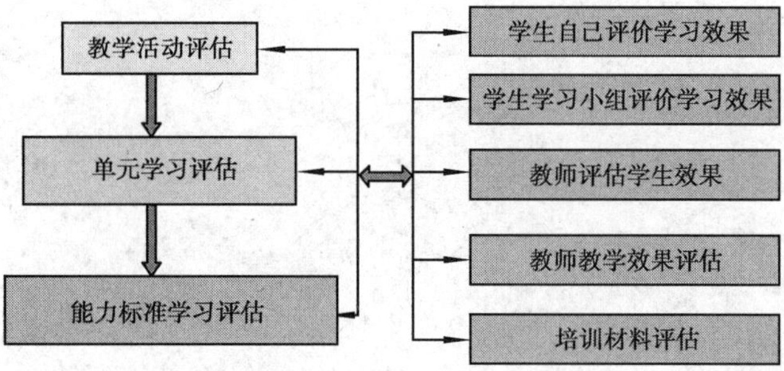

单元一　自动变速器概述

学习目的

通过本单元的学习,帮助你形成以下能力:

1. 认识自动变速器的作用、类型和组成。
2. 认识和识别各种自动变速器外部主要部件的布置及动力传递路线。

学习资源

有关自动变速器工作原理及结构的资料,可查询文字或电子文档。

◇ 各种汽车维护手册;

◇ 各种介绍自动变速器结构原理的书籍、VCD、CD 电子文档。

设备

安全的工作环境和工作场所;

个人防护用品用具;

各种类型的自动变速器。

学习步骤

1.1　认识自动变速器的作用、类型和组成

驾驶手动变速器汽车行驶在崎岖的山路上时,为了提高车速,司机会踩下加速踏板,将换挡杆换入高挡;当爬坡时,司机将换挡杆换入低挡。司机会时刻注意发动机的载荷和车速,及时换挡来克服道路阻力变化。

在长时间驾驶操作中会引起司机疲劳,导致车祸,带来人身伤害和财产损失。因此,人们希望能够降低驾驶过程中司机的频繁操作强度,提高车辆安全行驶性能。

1.1.1　自动变速器的作用

采用自动变速器装置，驾驶员不需要不断地变化挡位，自动变速器则根据汽车道路行驶条件和载荷情况，即根据发动机功率大小及车速，在最适宜时间，自动换挡至最适宜的挡位。

1.1.2　自动变速器的优点和缺点

(1)自动变速器的优点

①由于无须操作离合器及经常换挡，减轻了驾驶员的疲劳程度。

②自动变速器能根据行车条件自动而平稳的换挡，保持适宜车速，行驶平稳，舒适性好。

③由于自动变速器是通过变矩器中自动变速器油，将发动机动力传递给传动系统，因而具有防止传动系过载的能力。

(2)自动变速器的缺点

①结构较为复杂，制造难度大，生产成本高。

②维修困难。

1.1.3　自动变速器的类型

比较常见的汽车发动机与驱动车轮的布置分为前置发动机、前轮驱动车辆(FF)和前置发动机、后轮驱动车辆(FR)两种。因此，自动变速器的结构与整车布置相对应有以下两种类型：

①自动传动桥：FF 车辆上的变速器安装在发动机室内，自动变速器与驱动桥合为一体，见图 1.1。

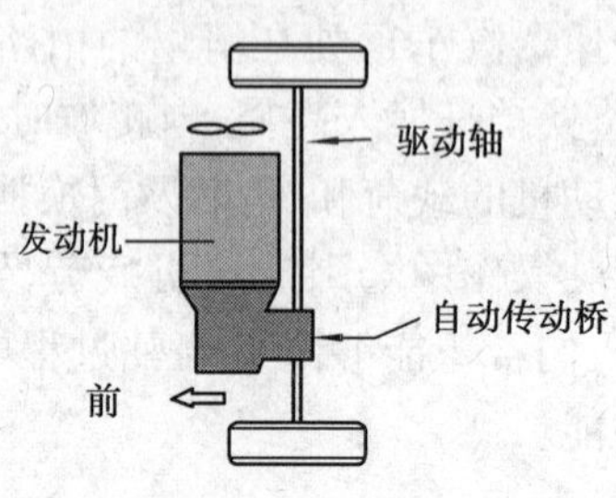

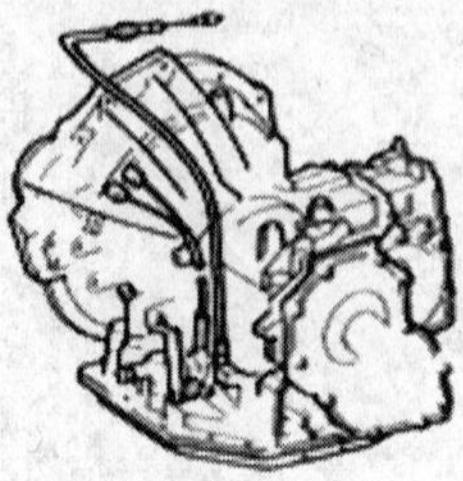

图 1.1　自动传动桥

②自动变速器：FR 车辆的变速器则有一个外置的主传动装置(差速器)，自动变速器与驱动桥分为各自独立的两体，见图 1.2。

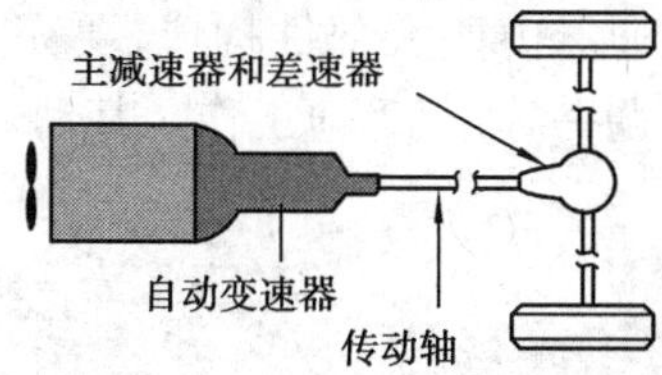

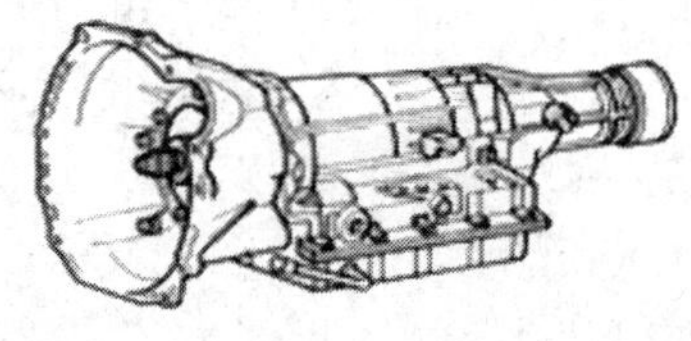

图 1.2　自动变速器

1.2　自动变速器主要部件及基本功能

1.2.1　自动传动桥主要部件及基本功能

自动变速器有多种类型,其结构存在一些差异,但其基本功能及工作原理都基本一样,见图 1.3。

自动传动桥由以下几大部件构成:

①液力变矩器:传输和增大发动机输出的扭矩。

②行星齿轮装置:进行减速、倒挡、加速和空挡的换挡。

③液压控制系统:通过液压元件控制液压压力以使液力变矩器和行星齿轮机构传动装置能顺利运行。

④电子控制系统:通过电磁阀或开关等电子元件控制电磁阀和液压控制装置以达到最佳的行驶状态。

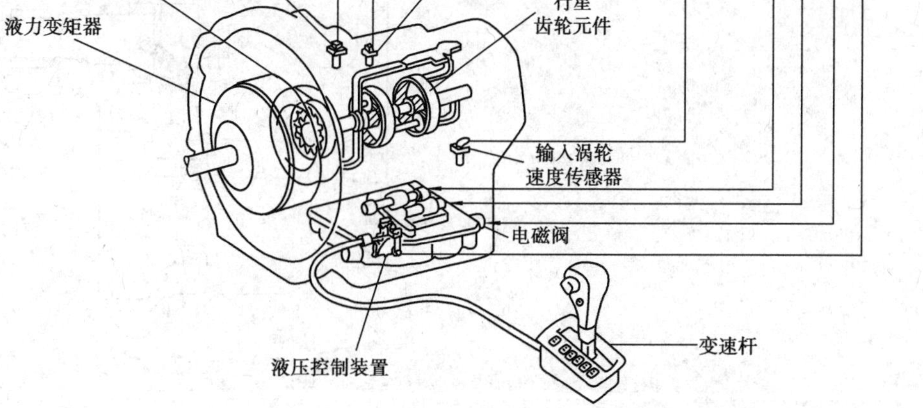

图 1.3　自动传动桥主要部件组成

电子控制变速器由四大部件构成,要充分发挥自动变速器的功能,这些部件就必须协调一致,正确地工作。其动力传动路线见图1.4。

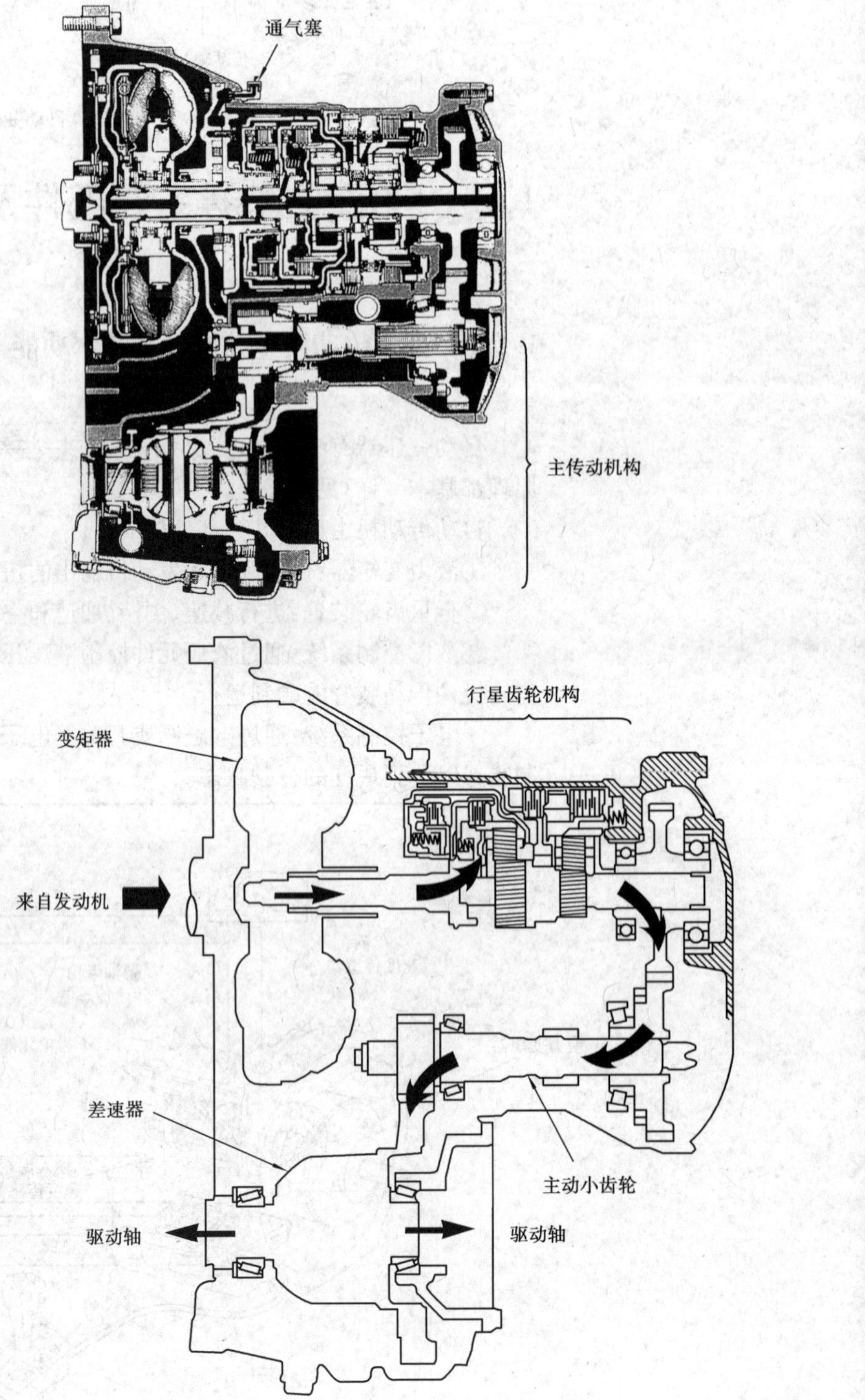

图1.4　自动传动桥动力传输路线

1.2.2　识别自动变速器外部主要部件

通过上面的介绍你已经知道了自动变速器的分类和组成的知识。由于各种自动变速器结构存在一些差异,图 1.5 所示为自动变速器外部主要部件分布位置,图 1.6 所示为自动传动桥外部主要部件分布位置。

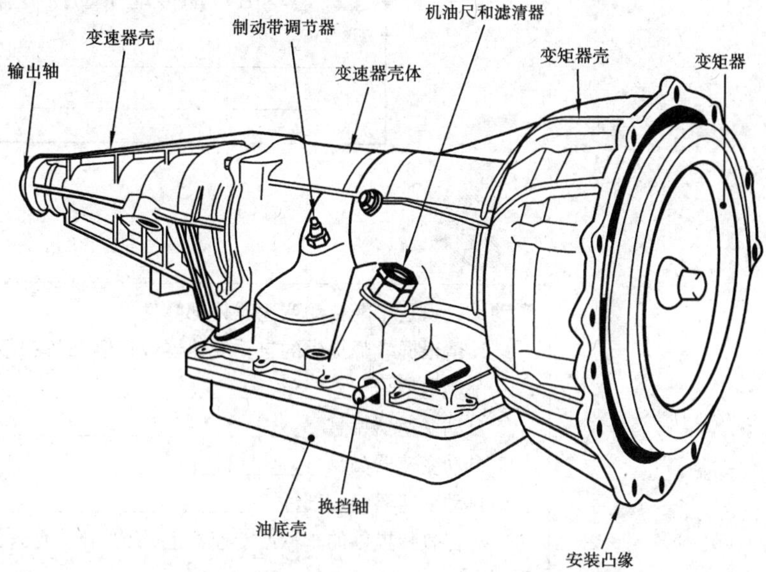

图 1.5　自动变速器外部主要部件分布位置

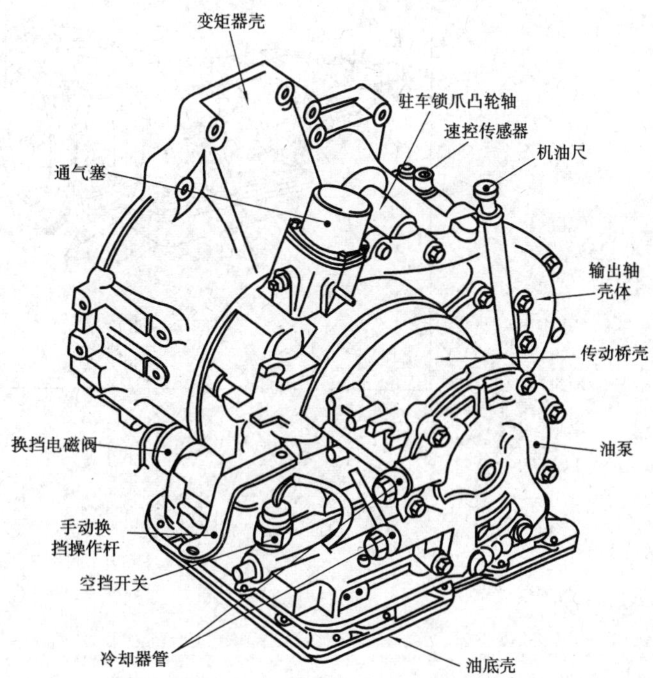

图 1.6　自动传动桥外部主要部件分布位置

自测题 1

1. 简述自动变速器各主要部件的功用。

变矩器______________________________

行星齿轮机构______________________________

液压控制系统______________________________

电子控制系统______________________________

2. 请写出自动传动桥动力传输路线。

____

____

活动 1　识别车辆自动变速器外部零件

1. 请根据教师提供的自动变速器或车辆,回答下列问题:

车辆的型号______________________________

自动变速器型号______________________________

自动变速器类型______________________________

自动变速器组成部件______________________________

2. 在教师提供的车辆或变速器上,识别自动变速器外部主要零件,并填写在下列图上。

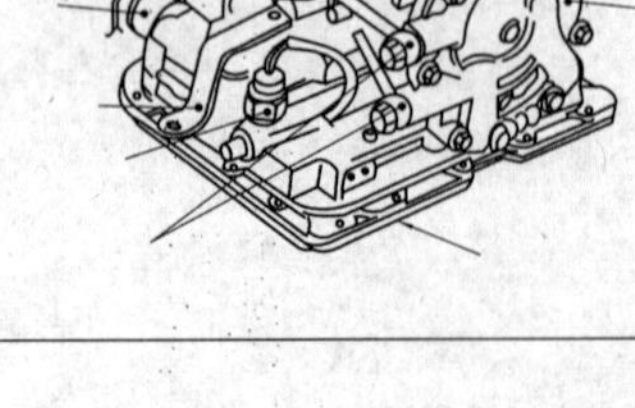

单元一鉴定单

题　目	肯定回答
你是否完成学习活动 1 和自测题 1，并得到教师的确认？	
你是否根据已有程序和预定标准，收集、分析和组织完成资料？	
你是否通过标准的精确性和有效性，正确地交流信息？	
你是否按计划有组织地活动、完成目标？	
你是否充分使用学习资源，达到学习目标？	

操作完成水平：

上述表格中所有项目必须是肯定回答。如果不是，应咨询教师。你可以要求附加有关活动，以便完成要求的操作技能。

教师签字：______________________

学生签字：______________________

完成日期和时间：________________

单元学习评估

现在你已经完成了这一单元的学习，希望你能对所参与的学习活动提出意见。

请在相应的栏目内打“✓”。	非常同意	同意	没有意见	不同意	非常不同意
1. 这一单元给我很好地提供了……的综述？					
2. 这一单元帮助理解了……的理论？					
3. 我现在对尝试……感到了自信？					
4. 该单元的内容适合我的需求？					
5. 该单元中举办了各种活动？					
6. 该单元中不同部分融合得很好？					
7. 单元学习中教师待人友善愿意帮忙？					
8. 单元学习让我做好了参加鉴定的准备？					
9. 该单元中所有的教学方法对我的学习起到了帮助作用？					
10. 该单元提供的信息量正好？					
11. 鉴定是公平、适当的？					
你对改善本科目后面单元的教学有什么建议？					

单元二　认识液力变矩器工作过程及识别部件

学习目的

通过本单元的学习，帮助你形成以下能力：

(1)认识液力变矩器的组成和结构。

(2)认识液力变矩器动力传递原理和扭矩放大原理。

(3)认识锁止离合器机构的作用和工作过程。

(4)认识自动变速器油的性能。

(5)识别液力变矩器零件。

学习资源

有关自动变速器工作原理及结构的资料，可查询文字或电子文档。

◇各种介绍自动变速器结构原理的书籍、VCD、CD 电子文档；

◇有关危险化学物质和危险商品的相关信息。

设备

安全的工作环境和工作场所；

个人防护用品用具；

各种类型的自动变速器；

自动变速器油。

学习步骤

液力变矩器以自动变速器油作动力传递介质，把来自发动机的转矩增大后传给自动变速器中的行星齿轮机构。

2.1　认识液力变矩器的组成和结构

液力变矩器安装于变速器齿轮的输入端，通过驱动器盘固定在发动机的后端，见图 2.1。

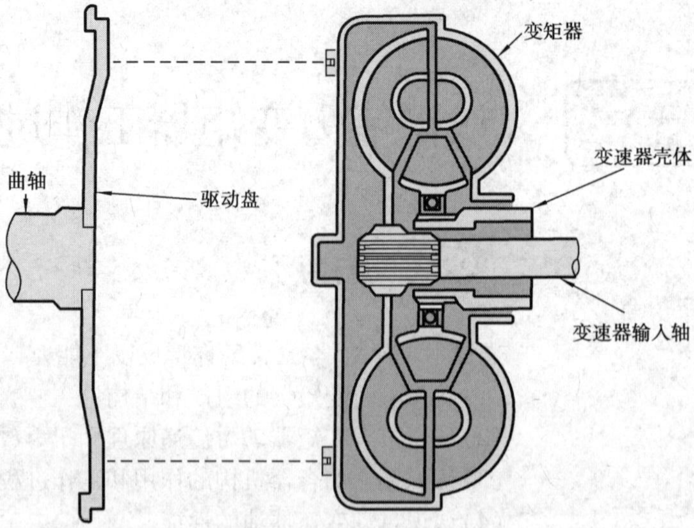

图 2.1　液力变矩器

2.1.1　液力变矩器组成

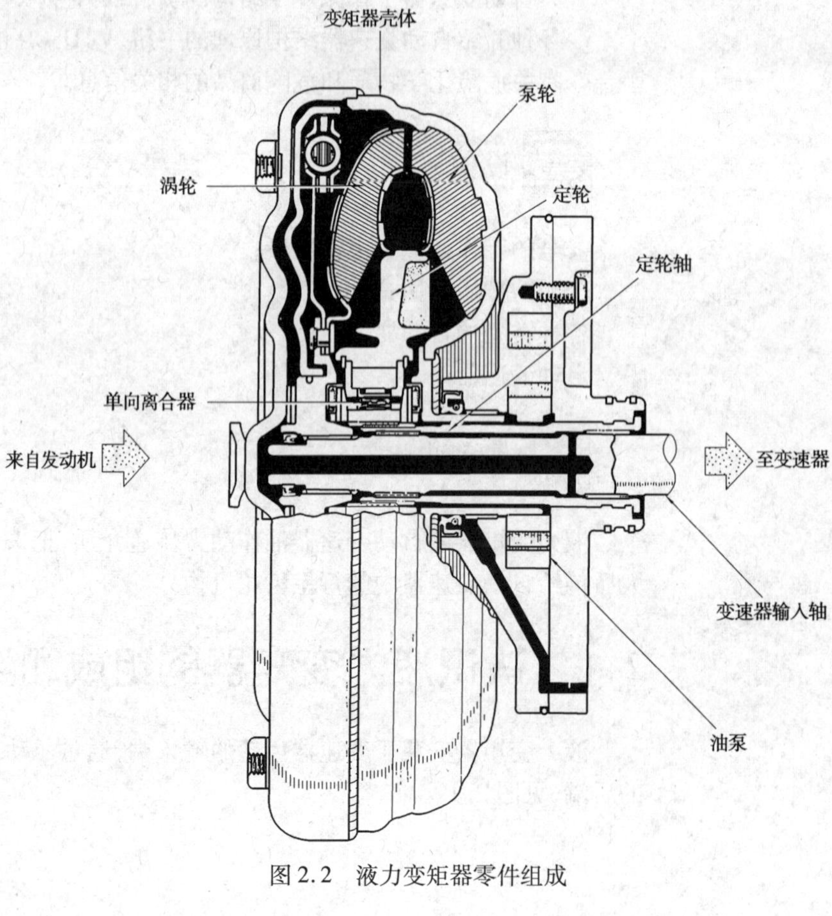

图 2.2　液力变矩器零件组成

当今应用在汽车上的变矩器主要由泵轮、涡轮、定轮、单向离合器、变矩器壳体等零件组成，见图 2.2。

变矩器壳体内装有油泵提供的自动变速器油。

2.1.2　液力变矩器结构

(1)泵轮结构

- 泵轮与变矩器壳体组成一个整体，通过驱动盘连接曲轴(见图 2.3)。
- 在泵轮的内侧装有许多弯曲的叶片。
- 在叶片的内边缘安装一个导向环，为自动变速器油提供流动通道。

当发动机曲轴运转时，就带动变矩器壳体及泵轮一起转动，通过叶片推动自动变速器油流动。

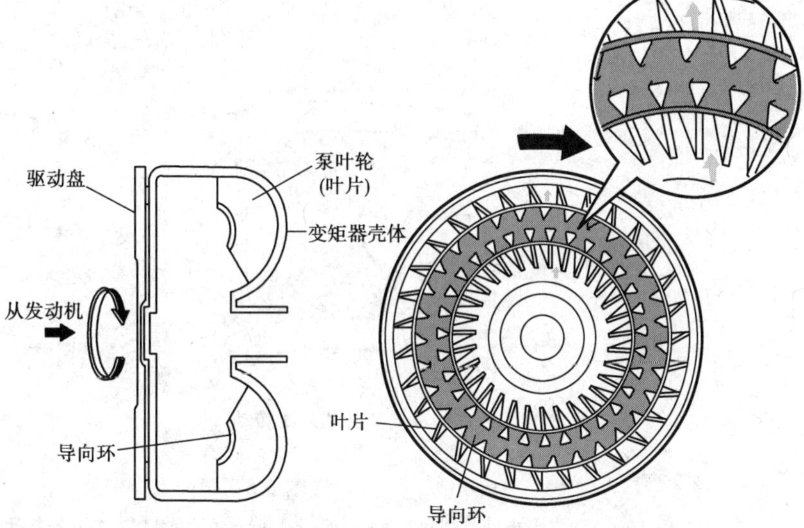

图 2.3　泵轮结构

(2)涡轮结构

- 涡轮与变速器输入轴通过花键连接(见图 2.4)。
- 在涡轮内侧安装许多弯曲的叶片，但是这些叶片的弯曲方向与泵轮叶片的弯曲方向相反。
- 涡轮叶片与泵轮叶片之间有一很小的间隙。

(3)单向离合器结构

单向离合器由内座圈和外座圈构成，在内、外座圈之间有几个楔形块和滚柱。单向离合器仅沿一个方向传送扭矩。

当外座圈要按照图 2.5(a)中箭头Ⓐ方向转动时，就会推动楔形块顶部，由于 e_1 小于 e 楔形块就会顺时针转动，使外座圈与内座圈分离，外座圈随着定轮转动。

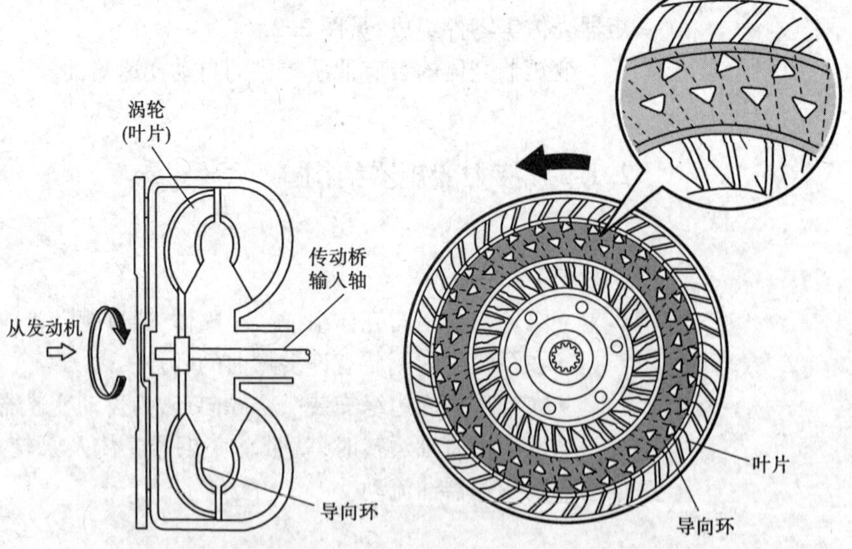

图 2.4　涡轮结构

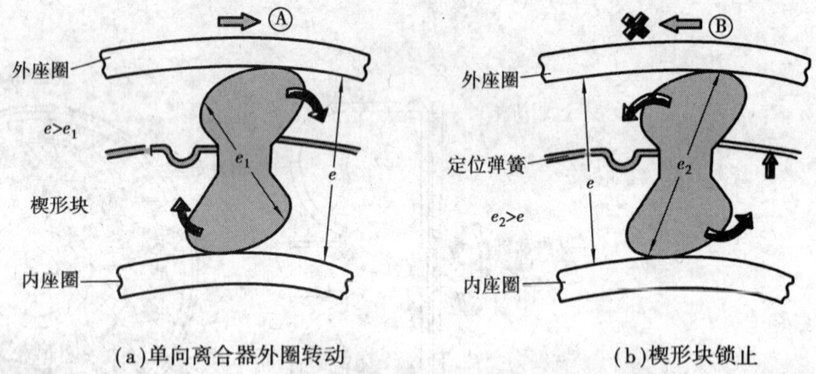

图 2.5　单向离合器的结构

当外座圈朝着图 2.5(b)所示的逆时针方向转动时,楔形块会随相同方向转动,由于 e_2 大于 e,这样楔形块起到楔子的作用,锁住外座圈,使其无法转动。另外安装的定位弹簧,使楔形块总是朝着锁止外座圈的方向略为倾斜,加强楔形块锁止功能。

(4)定轮结构

定轮位于泵轮与涡轮之间。通过定轮轴上单向离合器安装在传动桥外壳上。其结构见图 2.6。定轮叶片截住离开涡轮的变速器油,根据泵轮与涡轮的转速差改变定轮转动方向,使其冲击泵轮的叶片背部,给泵轮一个额外的推力。

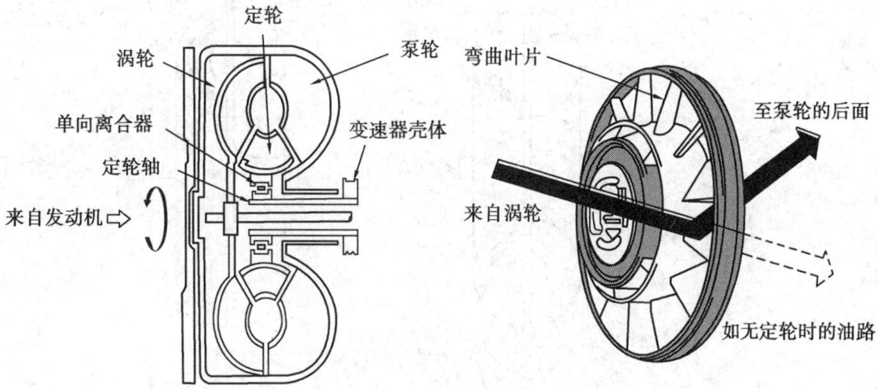

图 2.6　定轮结构

2.1.3　液力变矩器作用

从液力变矩器的组成和零件的结构特征可知,液力变矩器在发动机曲轴的带动下,通过自动变速器油传递动力给涡轮,涡轮又将动力传给变速器输入轴。因此,液力变矩器具有以下作用:

①成倍增长发动机产生的扭矩。

②起到自动离合器的作用,传送或断开发动机扭矩至变速器。

③缓冲发动机及传动系的扭转振动。

④起到飞轮的作用,使发动机平稳转动。

⑤驱动液压控制系统的油泵。

2.2　认识液力变矩器动力传递原理和扭矩放大原理

当变矩器中只采用泵轮和涡轮工作时,变矩器只具有液力耦合器的工作原理。即只能传递扭矩,但是不能增大扭矩。借助定轮和单向离合器的作用,才能实现扭矩放大作用。

2.2.1　液力变矩器动力传递原理

当液力变矩器中只有泵轮、涡轮和自动变速器油工作时,液力变矩器就可以实现传递动力过程。

(1)泵轮转动,涡轮不动

当泵轮刚被发动机曲轴驱动时,随着泵轮持续转速增加,离心力使液体从泵轮中心向外流动,并迫使自动变速器油远离泵轮。见图 2.7(a),但

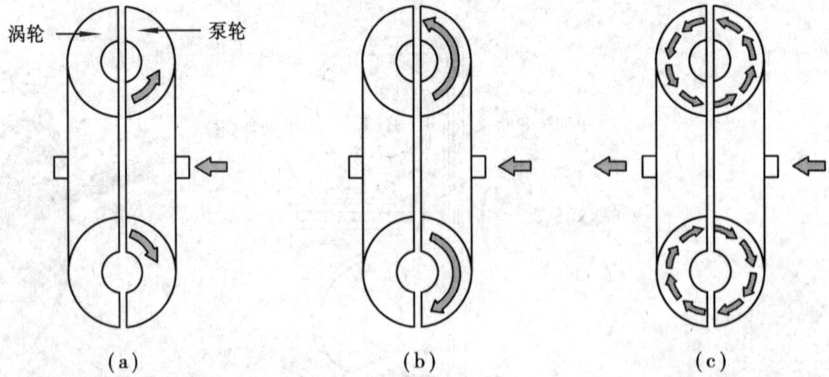

图 2.7　液力变矩器动力传递过程

此时液体还没有足够的速度产生离心力,涡轮不能转动。

(2)泵轮与涡轮转速差较大时,形成涡流

当泵轮转速加快时,离心力使液体冲击涡轮叶片,使涡轮开始以与泵轮叶轮相同的方向旋转。而液体沿着涡轮的叶片向内流动。在到达涡轮内部时,涡轮弯曲叶片表面使液体改变方向流回泵轮,这就形成了**涡流**。涡流将使涡轮与泵轮同向转动,见图 2.7(b)。

车辆启动时,泵轮及涡轮的转速差越大,涡流就越强。

(3)泵轮与涡轮转速接近时,形成环流

当泵轮转速与涡轮转速之差较小时,使得泵轮和涡轮周围的液体形成了一个整体,就像一个联轴器,这就是所谓的**环流**。见图 2.7(c)。当环流较大时,车辆以恒速行驶。

环流与涡流强度成反比。环流随泵轮与涡轮转速差增大,而成比例地变小。

如上所述,液力变矩器扭矩传递是通过液体在泵轮及涡轮之间流动而实现的。此时液力变矩器只能起到扭矩传递作用,但不能将发动机产生的扭矩成倍增加。

2.2.2　液力变矩器扭矩成倍放大原理

液力变矩器的扭矩成倍放大,正是由液体流过涡轮后,借助定轮叶片流回泵轮而实现的。定轮是转动还是被锁止,取决于变速器油冲击叶片的方向。因此,这时液力变矩器中应该由泵轮、涡轮、定轮和离合器这四个零件协调工作,完成液力变矩器扭矩成倍放大过程。

(1)当涡流相当大时

定轮的转动方向取决于泵轮与涡轮的转速差。当这一转速差相当大时,从涡轮流至定轮的液体冲击定轮叶片的正面,使定轮与泵轮反向转动,定轮被单向离合器锁住不转动,定轮叶片却使液体流向改变,增强泵轮转动的能量,如图 2.8。

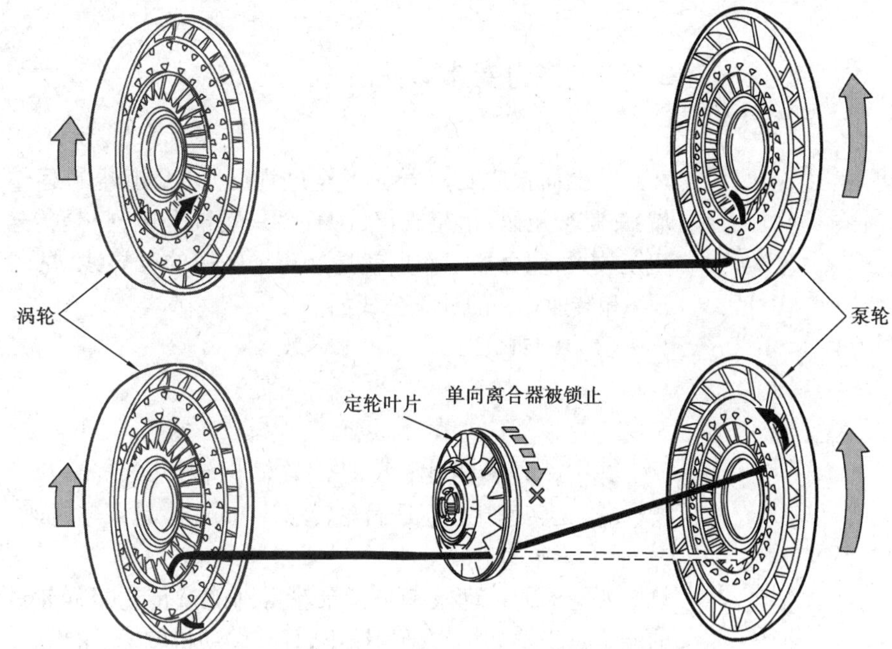

图 2.8　涡流相当大时定轮单向离合器工作情况

（2）当涡流较小时

当泵轮与涡轮的转速差较小时，环流增加，涡流降低，从涡轮流至定轮的液流与泵轮的转动方向一致，如图 2.9 所示。这时变速器油冲击定轮叶片的背面，使定轮叶片对液流不起阻挡作用。在这种情况下，单向离合器使定轮与泵轮同方向转动，液流返回泵轮。

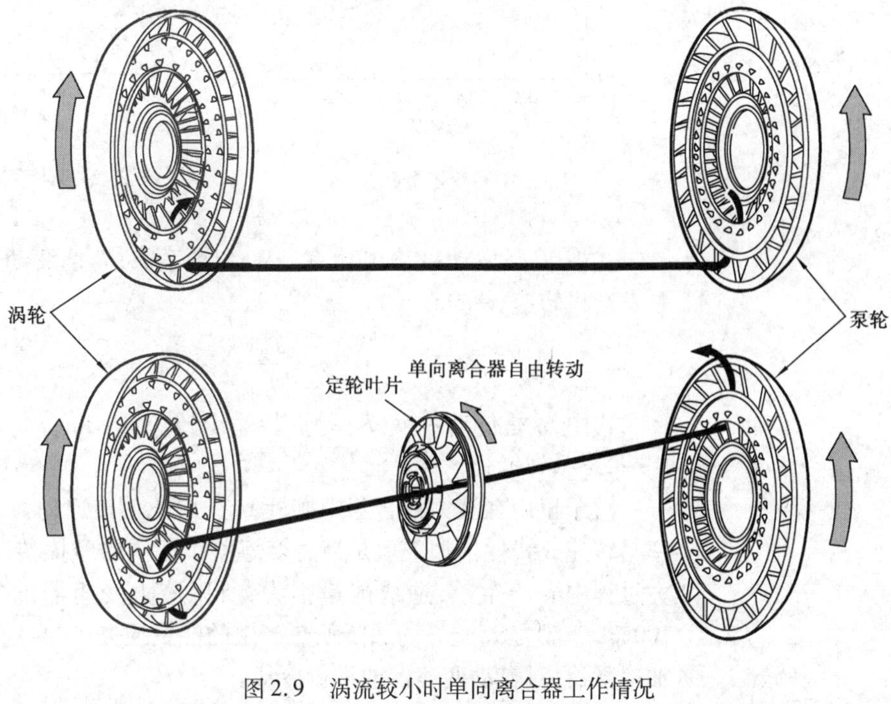

图 2.9　涡流较小时单向离合器工作情况

2.2.3 液力变矩器性能

从上面叙述变矩器的工作过程可知,变矩器的运作分为两个工作区域:一是变矩区,扭矩成倍放大;另一是耦合区,只是传送扭矩而并不产生扭矩放大,耦合器工作点就是这两个区域的分界线,见图 2.10。其中转矩比 t 和转速比 e 的计算公式如下。

(1)扭矩比

$$t=\frac{T_W}{T_B}、e=\frac{n_W}{n_B}$$

式中,t 是转矩比;T_W 是涡轮输出转矩,N·m;T_B 是泵轮输出转矩,N·m;e 是转速比;n_W 是涡轮转速,r/min;n_B 是泵轮转速,r/min。

(2)传动效率

变矩器的传动效率是指泵轮得到能量传送至涡轮的效率。这里所说的能量是指发动机本身的输出,且与发动机转速、扭矩成正比,见图 2.11。

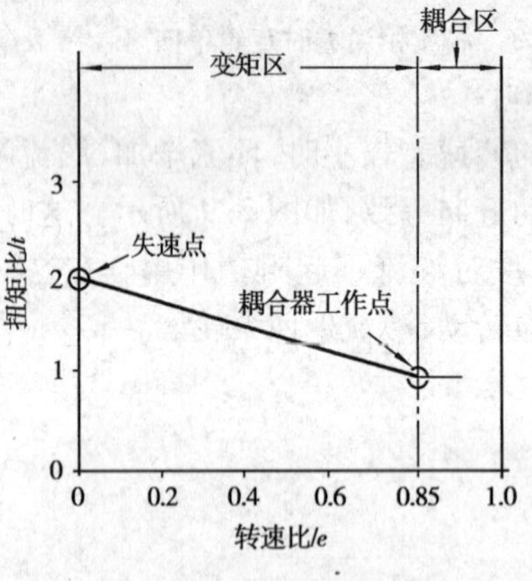

图 2.10 变矩器扭矩比

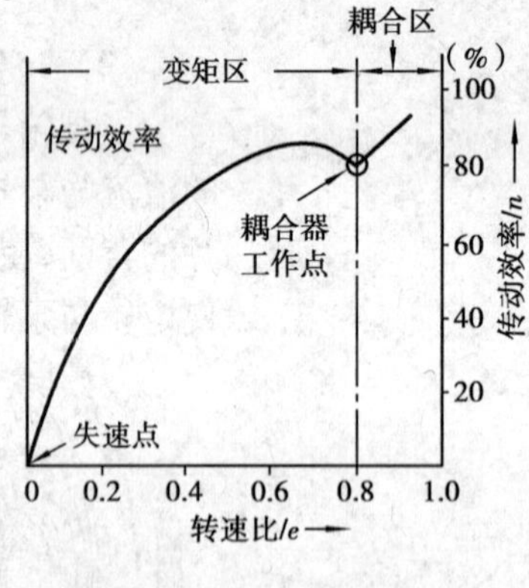

图 2.11 变矩器传动效率

$$P=k\cdot T\cdot R$$

式中,P 是发动机输出功率,kW;k 是系数;T 是发动机转矩,N·m;R 是发动机转速,r/min。

$$\eta=\frac{T_W e}{T_B}\times 100\%$$

式中,η 是传动效率;T_W 是涡轮输出转矩,N·m;T_B 是泵轮输出转矩,N·m;e 是转速比。

由于扭矩在液力耦合器中接近 1∶1 的比例传递动力,耦合区中传动效率与转速成线性增加。但是液力变矩器靠液体的摩擦传递动力,在传递动力过程中会产生热,造成能量损失,所以液力变矩器的传动效率达不到 100%,一般为 95%。为了降低热产生的能量损失,在自动变速器中安装了油冷凝器,对自动变速器油进行冷却。

(3)失速点

失速点是指涡轮停转(转速比为零)时的泵轮状态,变矩器的最大扭矩比就在失速点,扭矩比通常为1.7~2.5。

(4)耦合器工作点

耦合点是指当转速比达到某一规定值时,涡流变得最小,而扭矩比几乎为1∶1。换言之,变矩器在耦合点工作时,开始起液力耦合器的作用,防止扭矩比降至1以下。

2.2.4　液力变矩器运作

变速器挡位通常的行车方式——前进、倒车、空挡或停车,几乎所有自动变速器,其前行方式均有三个挡域:"*D*"(前进)、"2"(2挡)、"*L*"(低速)。下面对变矩器在换挡杆位于"*D*"、"2"、"*L*"或"*R*"挡域时的运作情况与性能分析,概述如下。

(1)发动机空转,车辆制动

当发动机怠速运转时,发动机产生的扭矩最小。如使用制动器驻车,涡轮无法转动,此时传送到涡轮的扭矩最大,传动效率却为零,所以涡轮总是随时准备以高于发动机所产生的扭矩转动,见图2.12。

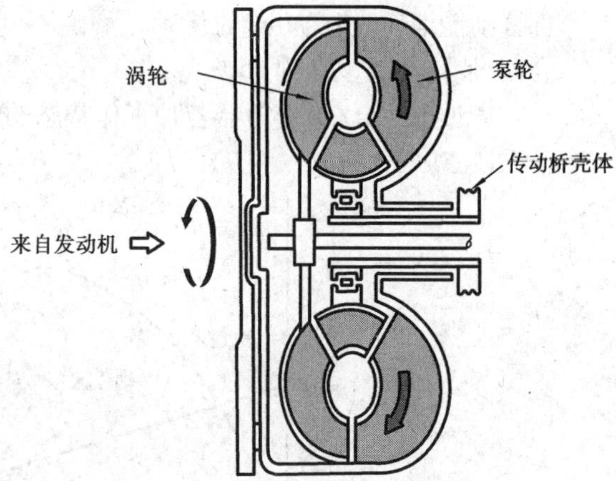

图2.12　发动机怠速运转下变矩器运作状况

(2)车辆起步

当解除制动时,涡轮与变速器输入轴一起转动。所以,在加速踏板踩下时,涡轮就与泵轮转速及扭矩成正比的输出,以大于发动机所产生的扭矩转动,传动效率也随之增加,并在转速比达到耦合点前一点达到最大值,使得车辆前进。

(3)车辆低速行驶

随着车速提高,涡轮的转速迅速接近泵轮的转速,从而扭矩比也接近1。当涡轮与泵轮的转速比接近耦合点时,涡轮流出的部分液体开始冲击定轮叶片背面,定轮转动,使传动效率不致进一步下降,扭矩成倍放大效应下降。此时,变矩器开始仅作为液力耦合器运作。所以,车速几乎与发动机转速成正比直线上升,见图 2.13。

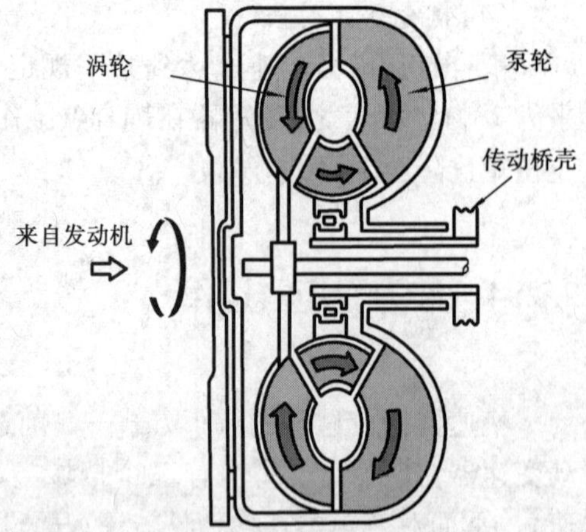

图 2.13　车辆低速行驶时,变矩器工作状况

(4)车辆以中速或高速行驶

这时,变矩器起到液力耦合器的作用,涡轮以与泵轮几乎一样的转速转动。扭矩比几乎为1∶1 传送,在耦合区内的传动效率与转速比成正比直线上升。但是由于液流的摩擦及撞击,使液流温度上升,液流的循环使一部分动能消耗,使变矩器的传动效率达不到 100%。这时需要安装锁止离合器,使传动效率达到 95% 左右。

通过上述分析,变矩器各种工作状态的性能见图 2.14。

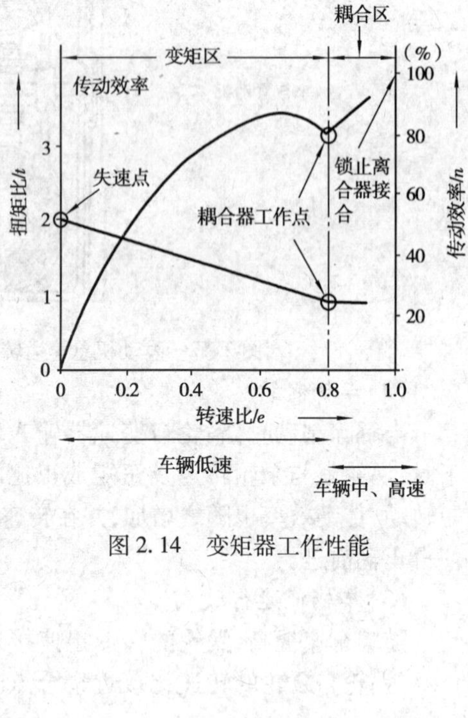

图 2.14　变矩器工作性能

注意

在车辆正常启动过程中，变矩器在发动机以后 2 ~ 3 min 到耦合点。但是如果载荷太大，即使车辆中、高速行驶，变矩器也有可能在变矩区运作。

2.3　认识锁止离合器的作用和工作过程

2.3.1　锁止离合器的作用

为防止变矩器在耦合区出现的能量损失现象发生，当车速在60 km/h或以上时，锁止离合器通过机械机构将泵轮与涡轮间相连接。这样，使发动机产生的动力几乎 100% 地传送至变速器。

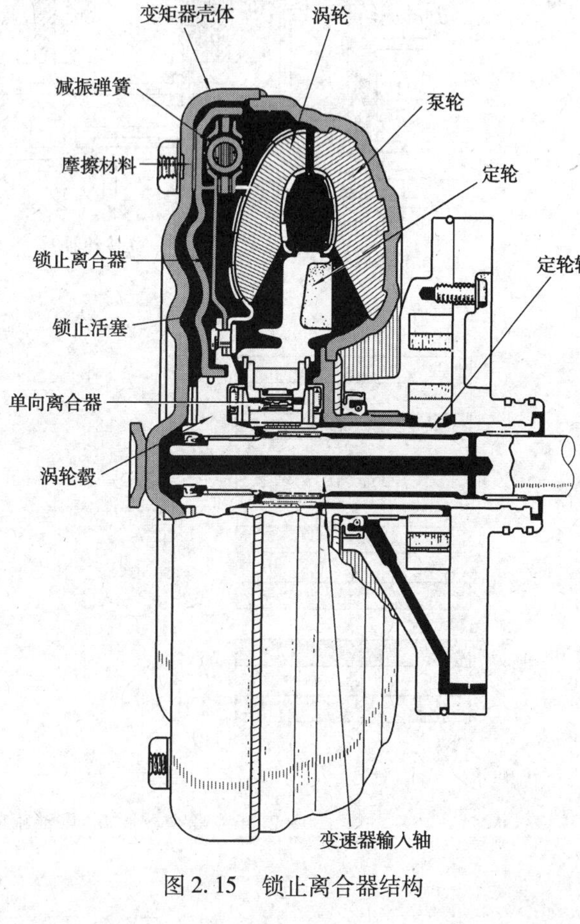

图 2.15　锁止离合器结构

2.3.2　锁止离合器的结构

锁止离合器装在涡轮毂上涡轮的前端，减振弹簧在离合器接合时吸收扭力，防止产生振动，见图2.15。

2.3.3　锁止离合器的运作

当锁止离合器启动时，就随同泵轮及涡轮一起转动，锁止离合器的接合及脱开由变矩器的液压油流向的改变决定。

(1)离合器脱开时

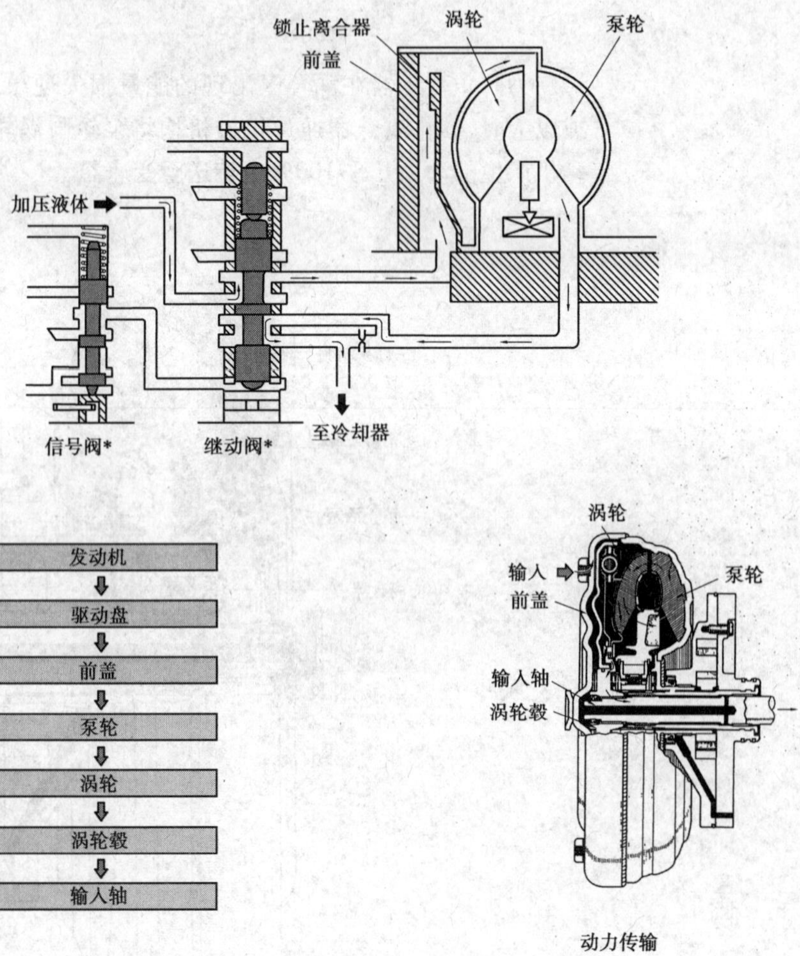

图2.16　离合器脱开时，锁止离合器的运作情况

当车辆低速行驶时,变矩器液体流至锁止离合器的前端。此时锁止离合器前端及后端的压力相等,使锁止离合器脱开,见图 2. 16。

(2)离合器接合时

当车辆以中速至高速(通常 60 km/h 以上)行驶时,加压液体流至锁止离合器的后端。此时锁止活塞挤压变矩器壳体,从而使锁止离合器与前盖接合一起转动。见图 2. 17。

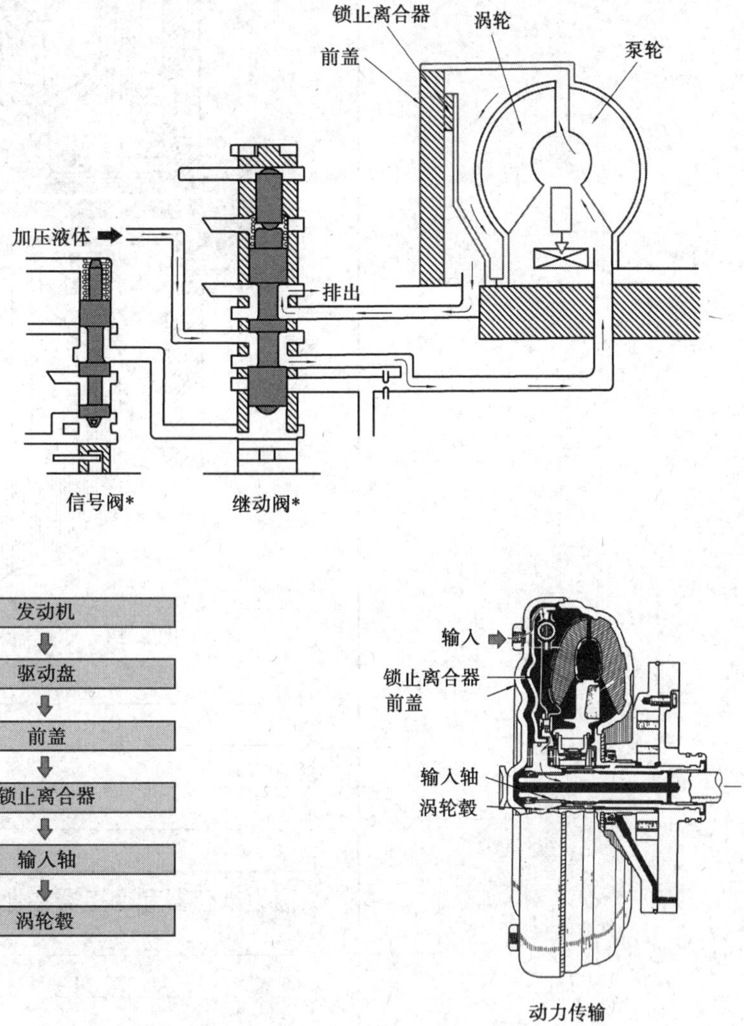

图 2. 17　离合器接合时,锁止离合器运作情况

自测题 1

1. 请解释图 2.18 中各个零件的作用。

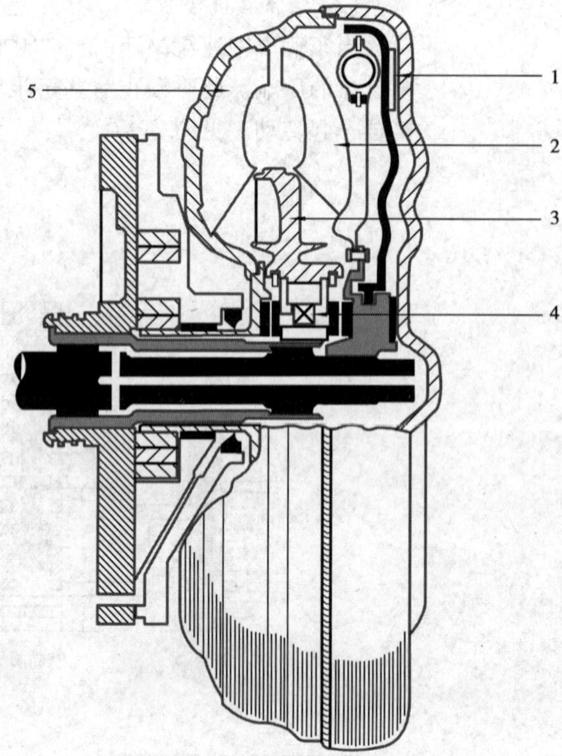

图 2.18　变矩器和油泵的剖面图

①________________

②________________

③________________

④________________

⑤________________

2. 液力耦合器和变矩器在性能上有什么不同?

____

____

____

3. 解释以下术语。

涡流________________

____

____

环流________________

____

____

耦合点______________________________

____

4. 说明涡流与环流之间的联系。

____

____

5. 变矩器是怎样增加扭矩的?

____

____

6. 单向离合器作用是什么?

____

____

7. 利用图 2. 19 ~ 图 2. 21 说明汽车从停车到低速行驶过程液力变矩器所对应的各个运作阶段,并用箭头指明自动变速器液体变矩器中各个零件上的流动过程。简要描述在各个阶段会发生什么。

第一阶段

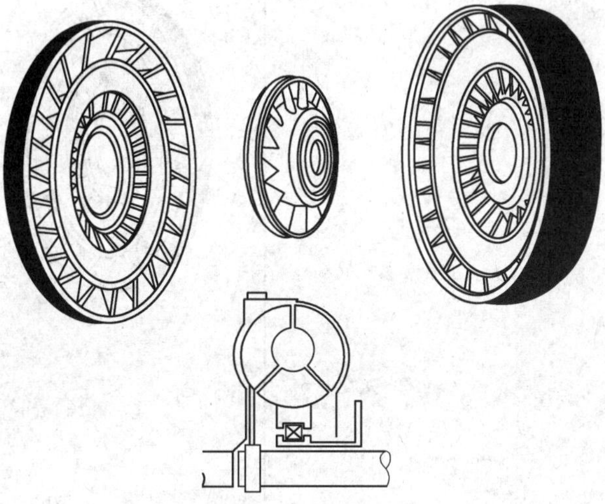

图 2. 19　液体流经的主要部件

第二阶段

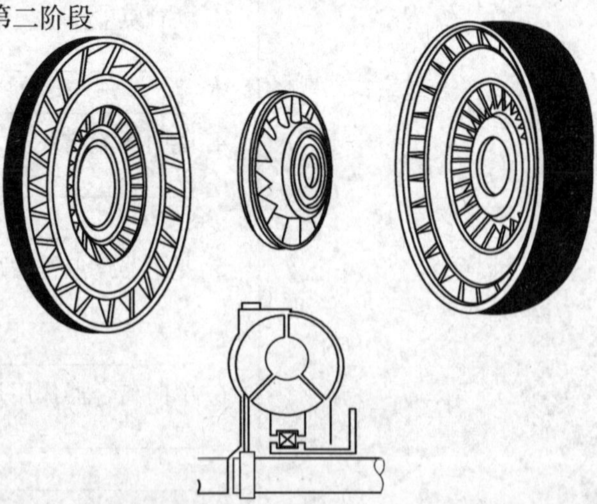

图 2.20　液体流经的主要部件

第三阶段

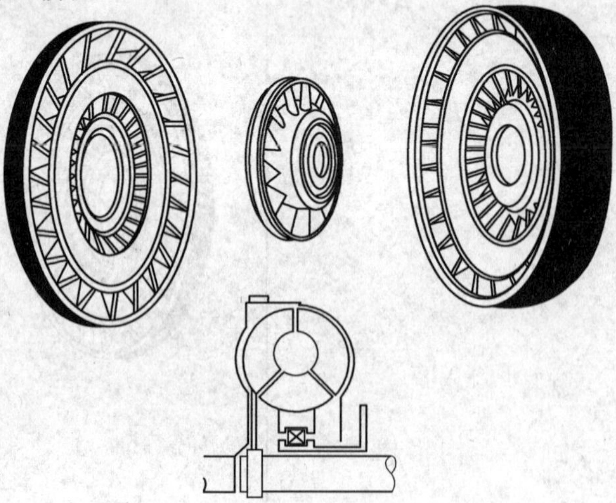

图 2.21　液体流经的主要部件

8. 变矩器中为什么采用锁止离合器？

活动1　识别变矩器组件

1. 对照液力变矩器实物识别液力变矩器组件,并口述各元件的定义。

这些问题是检查你把书本知识应用到实际工作的能力,你不能使用参考资料回答这些问题。

— 泵轮
— 涡轮
— 定轮
— 单向离合器
— 锁止离合器

2. 对照拆开的液力变矩器说明液压路径和工作方式。

单元二鉴定单

<table>
<tr><th>题　目</th><th>肯定回答</th></tr>
<tr><td>你是否完成学习活动 1 和自测题 1，并得到教师的确认？</td><td></td></tr>
<tr><td>你是否根据已有程序和预定标准，收集、分析和组织完成资料？</td><td></td></tr>
<tr><td>你是否通过标准的精确性和有效性，正确地交流信息？</td><td></td></tr>
<tr><td>你是否按计划有组织地活动完成目标？</td><td></td></tr>
<tr><td>你是否充分使用学习资源，达到学习目标？</td><td></td></tr>
<tr><td colspan="2">操作完成水平：
上述表格中所有项目必须是肯定回答。如果不是，应咨询教师。你可以要求附加有关活动，以便完成要求的操作技能。

教师签字：____________________

学生签字：____________________

完成日期和时间：______________</td></tr>
</table>

单元学习评估

现在已经完成了这一单元的学习，希望你能对所参与的活动提出意见。

请在相应的栏目内打“√”。	非常同意	同意	没有意见	不同意	非常不同意
1. 这一单元给我很好地提供了……的综述？					
2. 这一单元帮助理解了……的理论？					
3. 我现在对尝试……感到了自信？					
4. 该单元的内容适合我的需求？					
5. 该单元中举办了各种活动？					
6. 该单元中不同部分融合得很好？					
7. 单元学习中教师待人友善愿意帮忙？					
8. 单元学习让我做好了参加鉴定的准备？					
9. 该单元中所有的教学方法对我的学习起到了帮助作用？					
10. 该单元提供的信息量正好？					
11. 鉴定是公平、适当的？					
你对改善本科目后面单元的教学有什么建议？					

单元三 认识行星齿轮机构换挡原理和识别主要部件

学习目的

通过本单元的学习,帮助你形成以下能力:

①描述行星齿轮机构的作用和组成。

②描述行星齿轮机构换挡原理、传动比和工作过程。

③识别行星齿轮机构部件。

学习资源

有关自动变速器工作原理及结构的资料,可查询文字或电子文档。

各种介绍自动变速器结构原理的书籍;

个人防护用品用具;

安全的工作环境和工作场所;

各种类型的自动变速器。

学习步骤

自动变速器中的液力变矩器虽然能够在很大的范围内实现无级变速,但是变矩器只有在输出转速接近输入转速时才具有较高的传动效率,其扭矩只能增加2~4倍,显然不能满足汽车实际行驶道路的要求,需要自动变速器的行星齿轮机构再增大2~4倍的转矩,实现汽车平稳起步,减缓换挡的冲击负荷。

3.1 行星齿轮机构的组成与结构

自动变速器所采用的变速齿轮有普通齿轮和行星齿轮两种,目前绝大多数轿车上自动变速器采用的是行星齿轮机构。

3.1.1 行星齿轮机构的组成

行星齿轮机构安装于铝合金制成的变速器壳体内,由行星齿轮组(前行星齿轮组、后行星齿轮组）、离合器（C_1，C_2）、单向离合器（F_1，F_2）、制动器（B_1，B_2，B_3）、轴与轴承等组成，见图 3.1 所示。

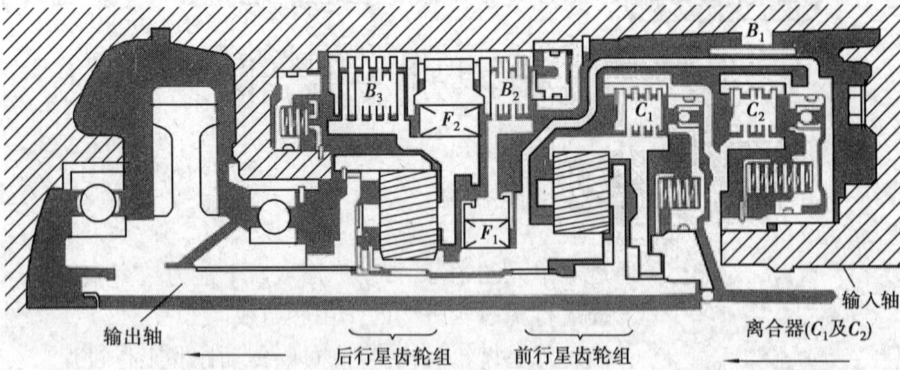

图 3.1　行星齿轮机构基本类型内部元件

3.1.2　行星齿轮机构的结构

1. 行星齿轮组

行星齿轮组由太阳齿轮、行星小齿轮、齿圈和行星齿轮架组成，见图 3.2所示。行星齿轮架连接至每个小齿轮的中心轴，并使小齿轮转动，小齿轮类似于行星围绕太阳旋转，所以称之为行星齿轮。通常行星齿轮组用来改变变速器输出转速。

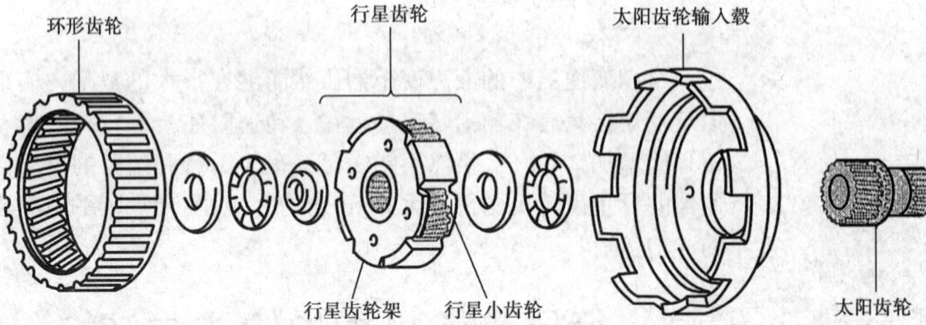

图 3.2　行星齿轮组零件结构

2. 离合器

离合器是用来连接动力的装置。通常由直接挡离合器 C_1和前进挡离合器 C_2组成，见图 3.3 所示。

(1) 离合器的结构

直接挡离合器 C_1 的作用是将来自液力变矩器的动力，通过输入轴传递到前齿圈。其结构特征如下：

➤由离合器毂、活塞、弹簧、离合器片、离合器盘、法兰、直接挡离合器轮毂组成。

➢离合器片与离合器盘交错排成直线在直接挡离合器毂内。

➢前齿圈用花键连接齿圈法兰，前进挡离合器毂用花键连接直接挡离合器毂。

➢直接挡离合器毂与太阳轮输入毂啮合。

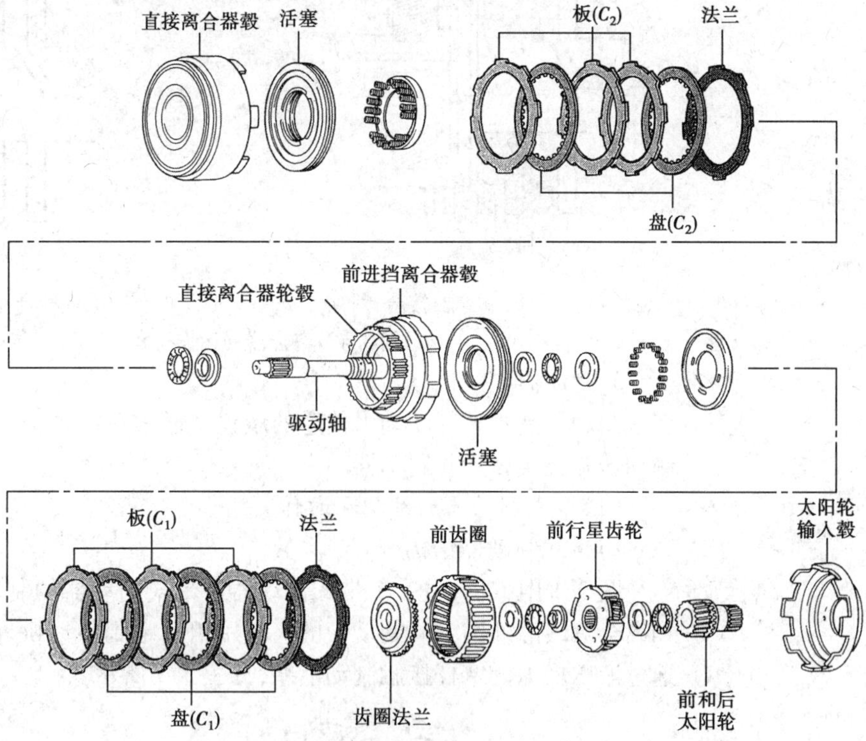

图 3.3　离合器零件结构

前进挡离合器 C_2的作用是将输入轴的动力传递到直接挡离合器毂（太阳齿轮）。其结构特征如下：

➢由前进挡离合器毂、活塞、离合器片、离合器盘、法兰组成。

➢离合器片与离合器盘交错排成直线，均用花键连接到直接挡离合器毂。

➢太阳齿轮输入毂用花键连接前后太阳齿轮。

（2）离合器的运作

离合器接合：当压缩液体流入活塞缸时，推动活塞止回球关闭单向阀，形成一个密闭空间。压缩液体使活塞在缸内运动，迫使离合器片和离合器盘接触产生摩擦力，离合器片与离合器盘以同一速度转动。即离合器被接合——输入轴的动力传入齿圈。见图 3.4(a)所示。

离合器分离：当液体压力被释放时，缸内压力降低，离心力作用使止回球离开单向阀，缸内液体通过单向阀排出。此时，活塞受到回位弹簧作用离开原来位置，使离合器脱开。

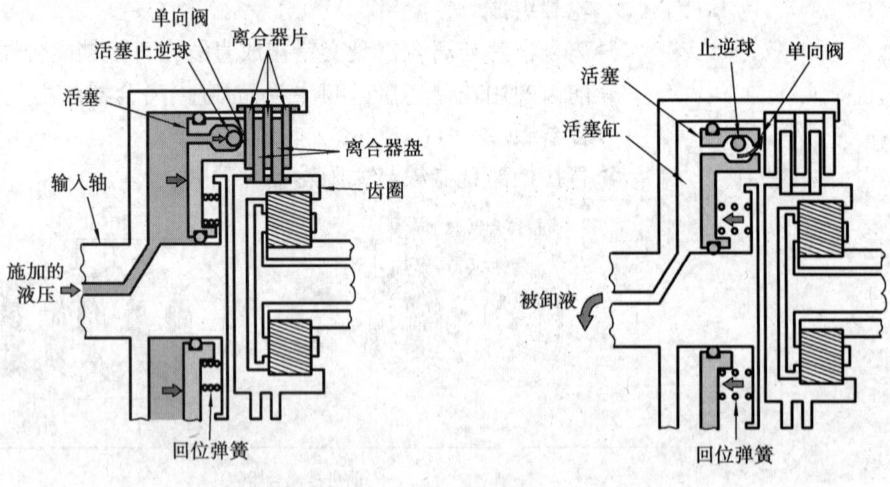

(a)离合器接合　　(b)离合器分离

图 3.4　离合器的运作过程

3. 制动器

制动器是用来制动动力传递的装置。通常有两种类型的制动器:带式制动器和湿式多片式制动器。

(1)带式制动器的结构和运作

1)带式制动器结构

图 3.1 中 B_1 就是一个带式制动器。带式制动器的制动带缠绕在直接挡离合器毂的外圆上。制动带的一端用销固定到传动桥外壳上,而另一端通过液压操纵活塞杆接触制动活塞,见图 3.5 所示。

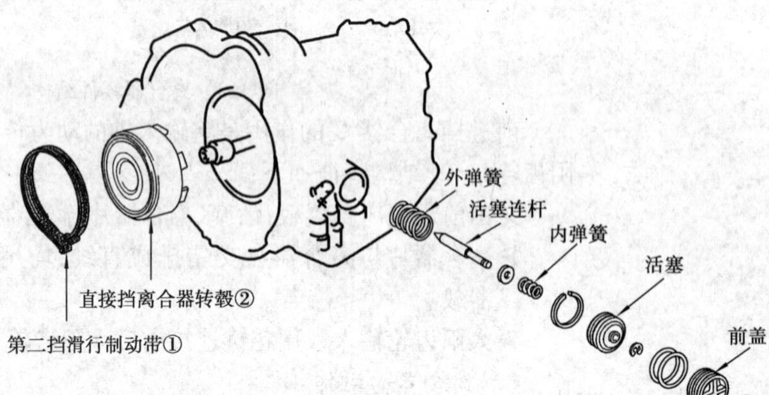

图 3.5　带式制动器结构

2)带式制动器运作

在图 3.6 所示的带式制动器结构中,当液压施加在活塞上时,活塞就移至活塞缸左边,压缩外弹簧。活塞连杆随同活塞移至左边,推动制动带直径变小,箍紧在制动毂上,使之无法转动。这时,在制动带与制动毂之间产生很大的摩擦力,使行星齿轮组的太阳轮无法转动。当活塞中加压液体流出时，活塞和活塞连杆由于外弹簧的弹力而被推回，这样制动带松开。

(2)湿式多片式制动器(B_2,B_3)的结构和运作

1)湿式多片式制动器的结构

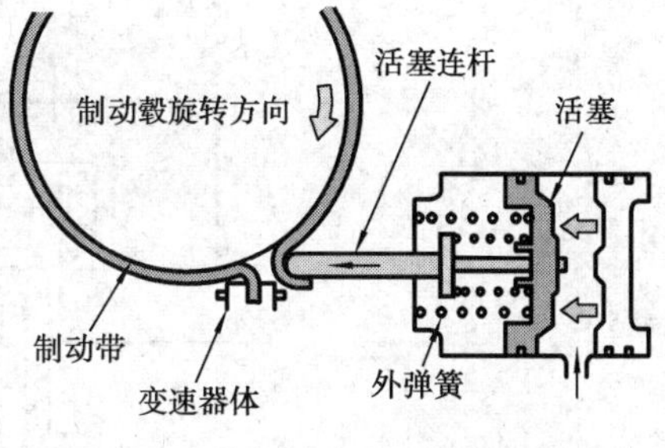

图 3.6　带式制动器运作过程

B_2 制动器作用是通过 1 号单向离合器运转，防止前后太阳齿轮逆时针运转。B_2 制动器由离合器盘、离合器片、活塞、第二制动毂组成(见图3.7)。离合器盘通过花键连接到 1 号单向离合器外圈，而离合器片固定在传动桥的外壳上。

B_3 制动器作用是防止后行星齿轮架的移动。B_3 制动器由离合器盘、离合器片、活塞、法兰、轮毂组成(见图 3.7)。离合器盘与后行星齿轮架的 B_3 毂啮合。B_3 毂和后行星齿轮架组成一个装置并一起转动，而离合器片固定到传动桥外壳阻止后行星齿轮架转动。

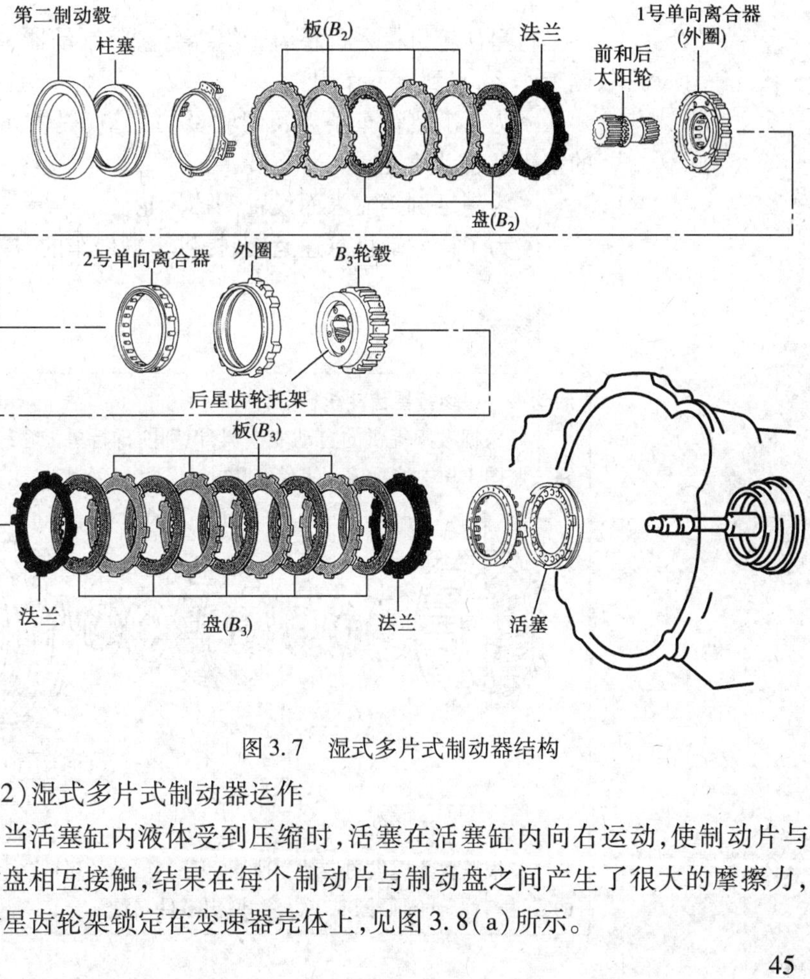

图 3.7　湿式多片式制动器结构

2)湿式多片式制动器运作

当活塞缸内液体受到压缩时，活塞在活塞缸内向右运动，使制动片与制动盘相互接触，结果在每个制动片与制动盘之间产生了很大的摩擦力，使行星齿轮架锁定在变速器壳体上，见图 3.8(a)所示。

当加压液体被排出活塞缸时，在回位弹簧的作用，活塞回至原位，使制动器松开，见图 3.8(b)所示。

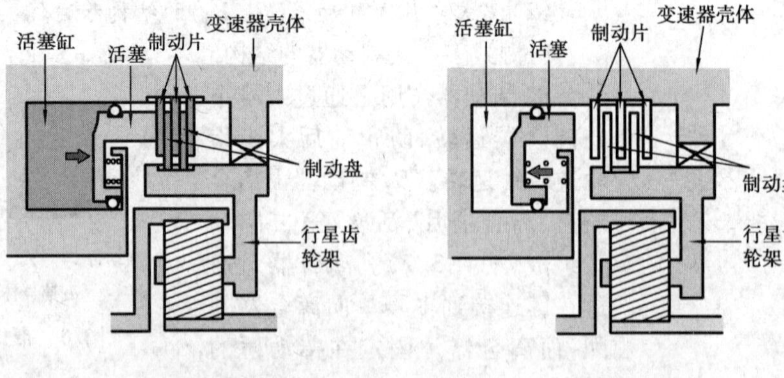

(a)离合器接合　　(b)离合器分离

图 3.8　湿式多片制动器运作状况

3.1.3　行星齿轮机构的作用

行星齿轮机构在行星齿轮组、离合器、制动器、单向离合器等组件的协调工作下，起到以下作用：

- 为了满足行车条件及驾驶员的愿望，提供几种传动比，以获得适当的扭矩及转动速度。
- 为满足倒挡需求而设置倒挡齿轮。
- 为了让发动机怠速运转，提供车辆停车的空挡齿轮。

活动 1　识别行星齿轮机构零件

1. 根据教师提供的自动变速器，识别前排行星齿轮组、后排行星齿轮组零件，并按照图 3.9 中编号填写零件名称。

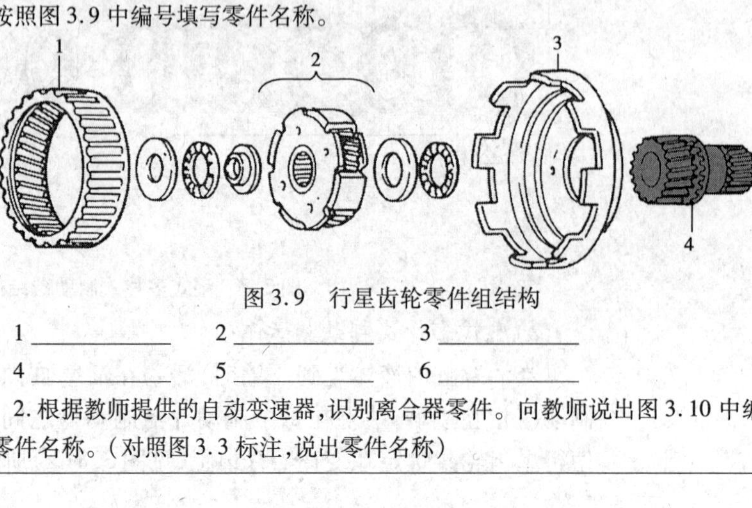

图 3.9　行星齿轮零件组结构

1 __________　2 __________　3 __________

4 __________　5 __________　6 __________

2. 根据教师提供的自动变速器，识别离合器零件。向教师说出图 3.10 中编号的零件名称。(对照图 3.3 标注，说出零件名称)

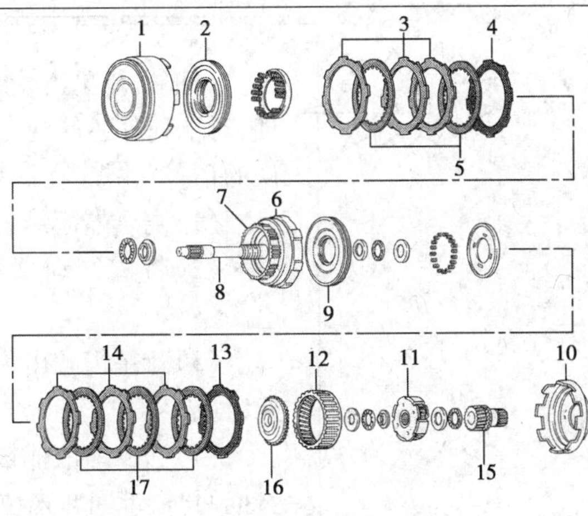

图 3.10　离合器零件结构

3. 根据教师提供的自动变速器,识别制动器类型和零件。向教师说出图 3.11 中编号的零件名称。

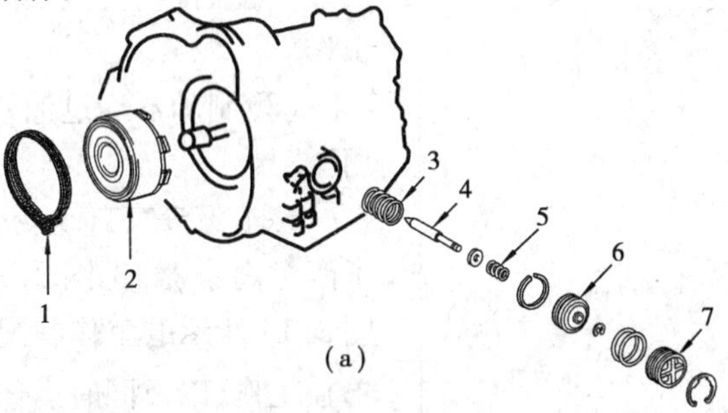

(a)

图(a)制动器类型________________

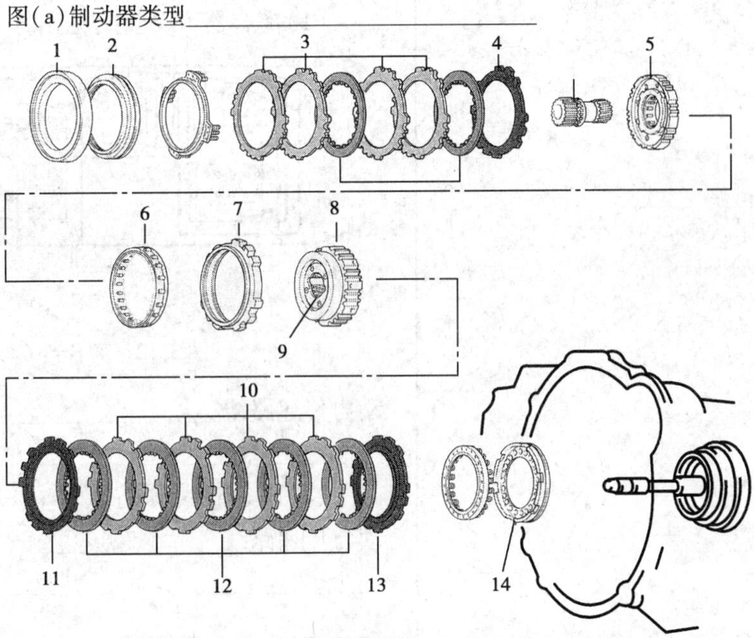

图 3.11　制动器零件结构

图(b)中制动器类型________________

自测题1

1. 根据行星齿轮组、离合器、制动器结构和运作原理，对下列陈述的观点进行判断，正确的请打"✓"，错误的请打"×"。

(1) 离合器起结合和分离动力传递作用。 □

(2) 带式制动器的一侧用弹簧固定到传动桥壳上。 □

(3) 行星齿轮由齿轮、小齿轮和太阳轮、行星齿轮架组成。 □

(4) 当压缩液体被释放以及活塞和活塞杆被外弹簧推回时，带回原来位置。 □

(5) 离合器起增加功率作用。 □

(6) 离合器由弹簧力结合。 □

(7) 盘推动直接挡离合器毂使湿式多片式制动器工作。 □

(8) 制动器通过油黏度传递完成制止零件转动作用。 □

2. 丰田汽车自动变速器的三速行星齿轮机构采用了两个离合器，见图3.12所示。请你根据图3.13至图3.14所示的工作状况，说明离合器 C_1 和离合器 C_2 单独工作、以及同时运作时动力传输路线。

(1) 离合器 C_1 运作：见图3.11所示。

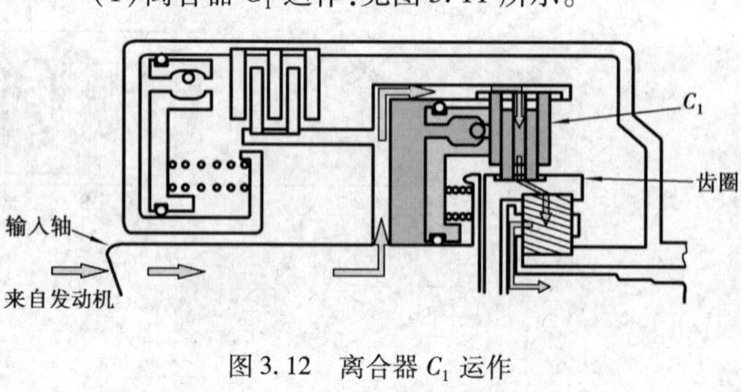

图3.12　离合器 C_1 运作

动力传递路线______________________________

____

(2) 离合器 C_2 运作：见图3.12所示。

动力传递路线______________________________

____

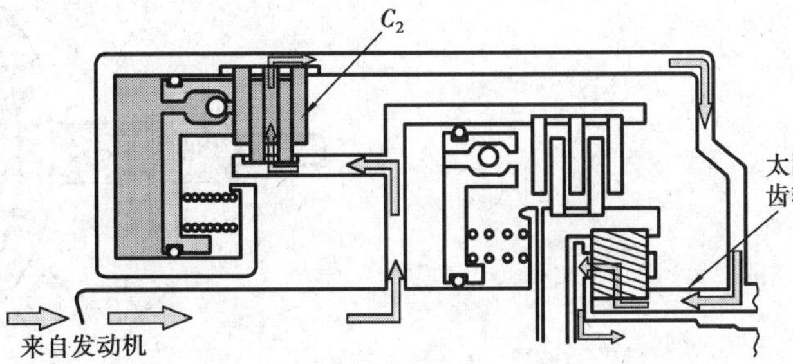

图 3.13　离合器 C_2 运作

(3)离合器 C_1 及 C_2 同时运作:见图 3.14 所示。

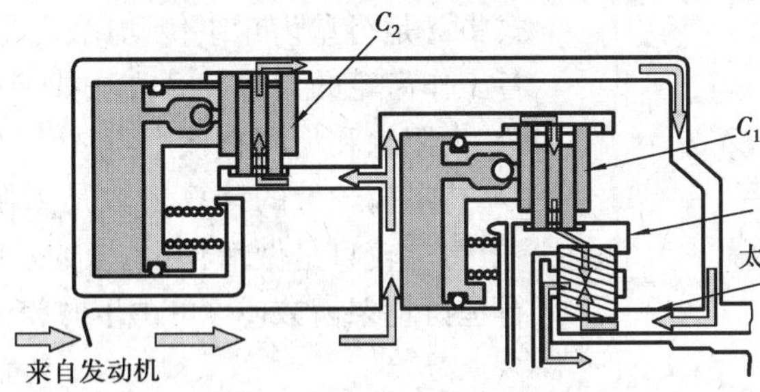

图 3.14　离合器 C_1 和 C_2 运作

动力传递路线____

____

3. 简单叙述离合器与制动器的区别之处。

____

____

____

3.2　行星齿轮机构换挡原理

3.2.1　单排行星齿轮组运行原理

单排行星齿轮由太阳齿轮、行星小齿轮、齿圈和行星齿轮架组成,见图 3.15 所示单排行星齿轮运转类似太阳系运转,行星齿轮绕着太阳轮自由转动的同时,与内齿圈啮合,围绕同一个圆心转动。

1. 传动比

行星齿轮组传动比 i 的计算公式如下:

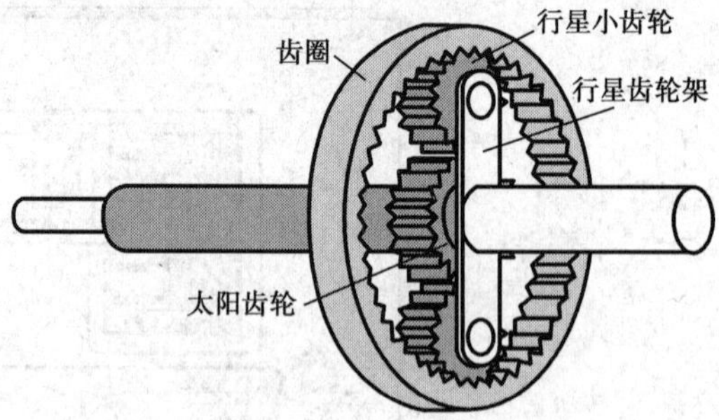

图 3.15　单排行星齿轮组结构

$$i = \frac{z_2}{z_1}$$

式中，i 是行星齿轮组传动比；z_2 是被动件齿数；z_1 是主动件齿数。

各工作齿轮的齿数计算方法如下：

◇ 太阳轮和齿圈直接用齿数计算；

◇ 行星齿轮架的计算齿数是太阳轮的齿数加上齿圈齿数，这是因为行星轮只是做惰轮用，齿数是虚拟的。

行星齿轮架齿数（z_c）可由下式得出：

$$z_c = z_r + z_s$$

式中，z_c 是行星齿轮架齿数；z_r 是齿圈齿数；z_s 是太阳轮齿数。

例如：假定齿圈齿数（z_r）为 56，太阳轮齿数（z_s）为 24。当太阳轮固定，齿圈作为主动件运作时，行星齿轮组的转动比 i 为：

$$i = \frac{z_c}{z_r} = \frac{z_r + z_s}{z_r} = \frac{56 + 24}{56} = \frac{80}{56} = 1.429$$

计算结果：齿圈转 1.429 圈，行星齿轮架转 1 圈，作减速运动。

2. 传动方向

行星齿轮机构传动方向与齿轮啮合方式有关，其判断原则如下：

1）太阳轮与行星小齿轮属外啮合，两齿轮运转方向相反。

2）行星小齿轮与齿圈是内啮合，两齿轮运转方向相同。

3. 传动原理

从上述介绍可以知道，行星齿轮机构动力传递大小与齿数有关，动力传递的方向与齿轮啮合方式有关，要清楚齿轮系统动力输入与动力输出之间的减速、加速和转动方向，必须按照如下规律运作：

1）实现减速运动，必须是小齿轮驱动大齿轮。

2）实现加速运动，必须是大齿轮驱动小齿轮。

3）实现倒挡运动，行星架必须固定。

由于行星齿轮机构中，任意一个零件都可以作为输入件、输出件、固定件。因此，当驾驶员切换输入件、输出件和固定件，就能够实现动力传递的减速、加速、直接连接、反向输出的需求。

（1）减速运转

1）运行条件　动力输入件——齿圈；动力输出件——行星齿轮架；固

定件——太阳齿轮。

2)运行过程　当太阳齿轮固定时,齿圈带动小齿轮绕太阳轮作同向转动,同时小齿轮绕小齿轮轴作自转。因此,输出轴只通过小齿轮的转动和输出轴成比例地减速,见图3.16所示。

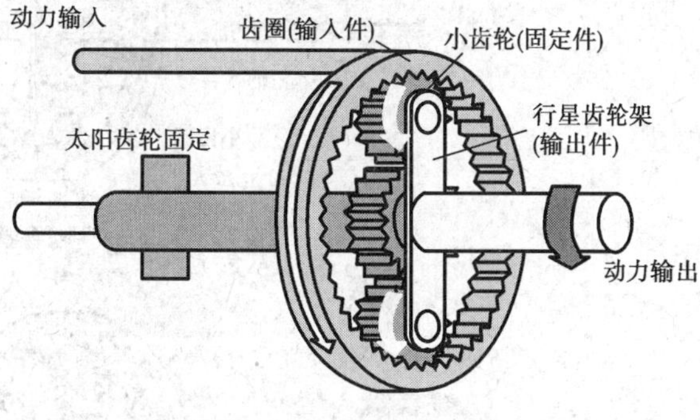

图3.16　行星齿轮机构减速运转

(2)加速运转

1)运行条件　动力输入件——行星齿轮架;动力输出件——齿圈;固定件——太阳齿轮。

2)运行过程　当太阳齿轮固定时,行星齿轮架作输入件顺时针转动时,小齿轮绕太阳齿轮旋转,同时顺时针转动。因此,齿圈作加速运转,见图3.17所示。

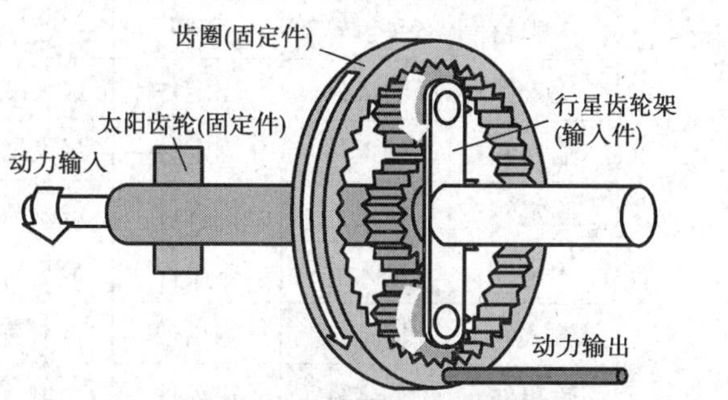

图3.17　行星齿轮机构加速运转

(3)直接连接运转

1)运行条件　动力输入件——太阳齿轮和齿圈;动力输出件——行星齿轮。

2)运行过程　当齿圈和太阳齿轮一起以同一速度转动,行星齿轮架也以相同的速度旋转,见图3.18所示。

(4)反向运转

1)运行条件　动力输入件——太阳齿轮;动力输出件——齿圈;固定件——行星齿架。

2)运行过程　当行星齿轮架固定后,太阳轮作输入件逆时针旋转时,通过行星小齿轮在其轴上顺时针减速旋转,见图3.19所示。

表3.1列出了行星齿轮各种运作情况下的转速及旋转方向。

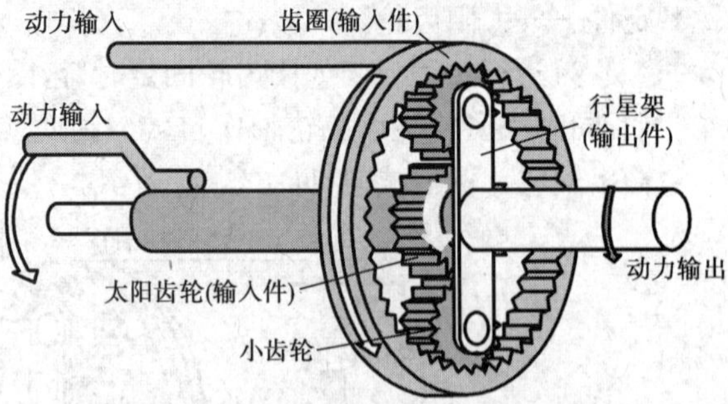

图 3.18　行星齿轮机构直接连接运转

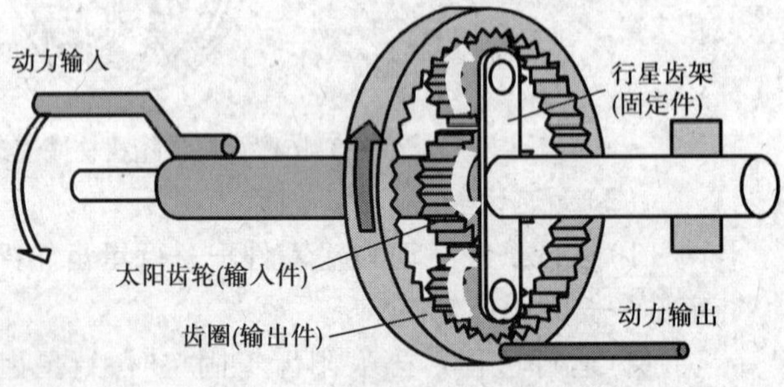

图 3.19　行星齿轮机构反向运转

表 3.1　行星齿轮的转速及旋转方向

太阳轮	行星齿轮架	齿圈	速度	转矩	方向
输入件	输出件	固定件	最大减速	增速	相同
输出件	输入件	固定件	最大增速	减速	相同
固定件	输出件	输入件	最小减速	增速	相同
固定件	输入件	输出件	最小减速	减速	相同
输入件	固定件	输出件	减速	增速	相反
输出件	固定件	输入件	增速	减速	相反
任意两个元件运动情况			相同	相同	相同
没有固定任意一个元件					空挡

3.2.2　多排行星齿轮机构挡位动力传递

在实际行星齿轮变速器中,如果将单排行星齿轮机构中三个元件进行锁定或作动力输入得到 6 个不同传动比的挡位,会造成机构复杂,而且有些传动方案是不宜采用或不能采用的,因此,目前采用多排齿轮机构进行串联的办法来扩大挡位数目,实现挡位动力的传递。

1. 多排行星齿轮机构

在丰田汽车自动变速器中，采用辛普森行星齿轮机构，即两排行星齿轮排列在同一轴上。根据这两排行星齿轮在变速器中的位置，分别称作“前行星齿轮组”和“后行星齿轮组”，见图 3.20 所示。加上控制其转动的制动器及离合器，以及传动扭矩的轴承与轴。共同构成了一个三速行星齿轮机构，即有三个前进挡和一个倒车挡。

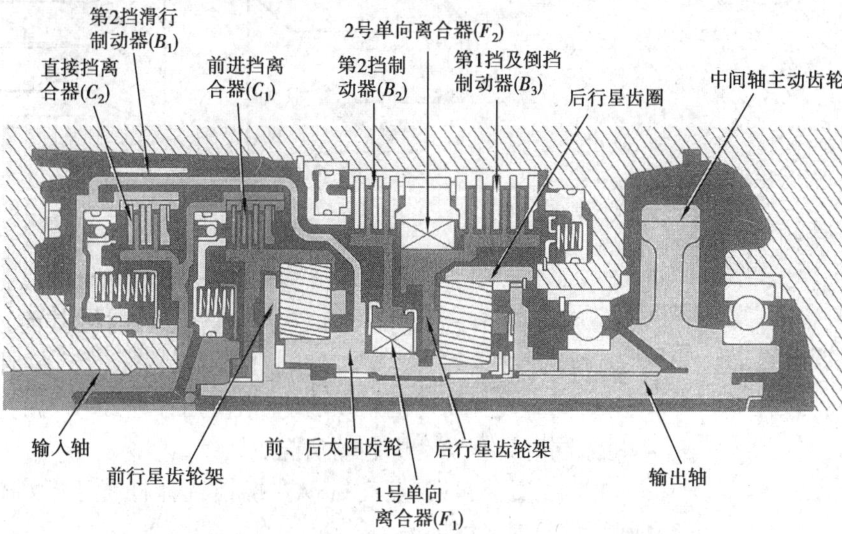

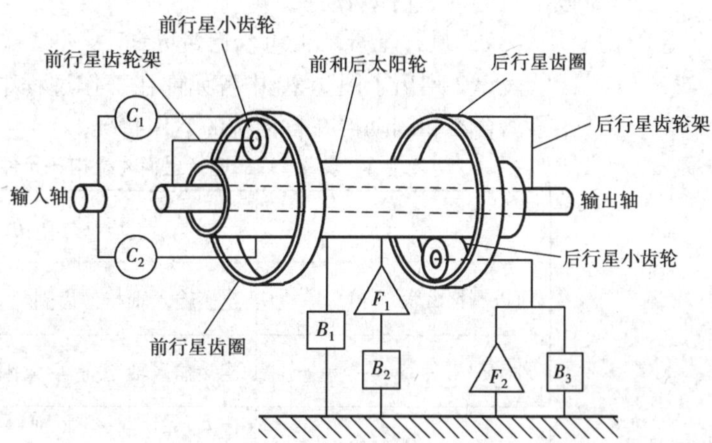

图 3.20　三速行星齿轮机构

(1) 三速行星齿轮结构特点

1) 前行星齿轮组中，齿圈和太阳轮分别与离合器连接。

2) 前、后太阳轮为作一个整体转动，见图 3.20 所示。

3) 前行星齿轮架与后行星齿圈，各自通过花键与中间轴连接。

4) 中间轴主动齿轮，相当于前置发动机前轮驱动车辆变速器的输出轴，通过花键与中间轴连接，与中间轴被动齿轮啮合。

(2) 手动操纵机构

自动变速器有两套换挡机构，一套是自动换高速挡和低速挡机构；另一套是驾驶员手动操纵机构,见图3.21所示。

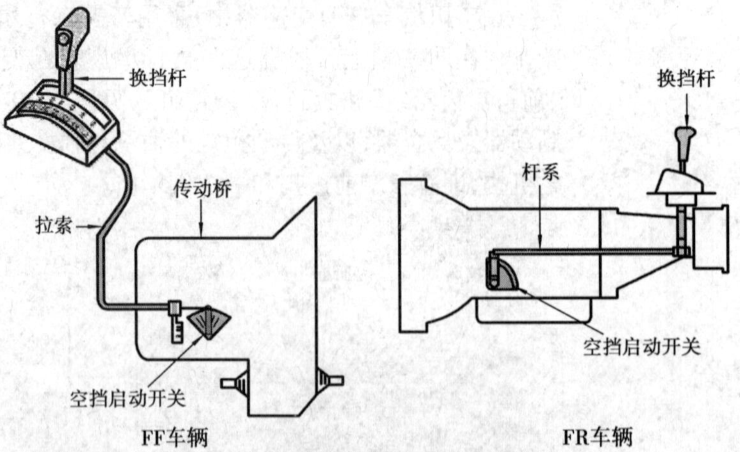

图3.21 手动操纵机构

手动换挡杆通过拉索和杆系与变速器连接,其前行方式有三个挡域:"D"位(前进),"2"位及"L"位。当换挡杆挂入"2"位时前进挡为"D"位的二挡,同时具有发动机制动功能;当换挡杆挂入"L"位时前进挡为"D"位的一挡,同时具有发动机制动功能。

为了安全起见,发动机仅在换挡选择杆置于"N"位(空挡)和"P"位(驻车挡)时,才能启动。

(3)三速行星齿轮机构各元件功能

表3.2列出了图3.20中各元件在工作过程中表现的功能。表3.3列出了离合器和制动器在各挡位的运作状况。

表3.2 三速行星齿轮机构各元件功能

名 称	功 能
前进挡离合器(C_1)	连接输入轴与前齿圈
直接挡离合器(C_2)	连接输入轴与前、后太阳齿轮
1号单向离合器(F_1)	在B_2运作时,锁定前、后太阳齿轮,使之不能逆时针方向旋转
2号单向离合器(F_2)	锁定后行星齿轮架,使之不能逆时针方向转动
第2挡滑行制动器(B_1)	锁定前、后太阳齿轮、使之既不能顺时针转动也不能逆时针方向旋转
第2挡制动器(B_2)	锁定前、后太阳齿轮、使之在F_1运作时不能逆时针方向旋转
第1挡及倒挡制动器(B_3)	锁定后行星齿轮,使之既不能顺时针转动,也不能逆时针方向旋转

表 3.3　离合器及制动器的运作状况

换挡杆位置	挡位	C_1	C_2	B_1	B_2	F_1	B_3	F_2
P	驻车挡							
R	倒挡		*				*	
N	空挡							*
D,2	第 1 挡	*						
D	第 2 挡	*			*	*		
D	第 3 挡	*	*		*			
2	第 2 挡	*		*	*	*		
L	第 1 挡	*					*	*

注：* 表示离合器或制动器接合。

(4)三速行星齿轮机构各挡位的动力传递路线

1)*D* 位 1 挡动力传递路线(图 3.22 所示)

• 输入轴通过使 C_1 前行星小齿轮顺时针转动。

• 前行星小齿轮自转和公转使太阳齿轮逆时针转动。

• 在后行星齿轮中,后行星齿轮架被 F_2 固定,太阳齿轮通过后行星小齿轮使后行星齿圈顺时针转动。

• 前行星齿轮架和后行星齿圈使输出轴顺时针转动。

传动结果:产生大的减速比,并且在“*L*”位,B_3 运转和发动机制动起作用。

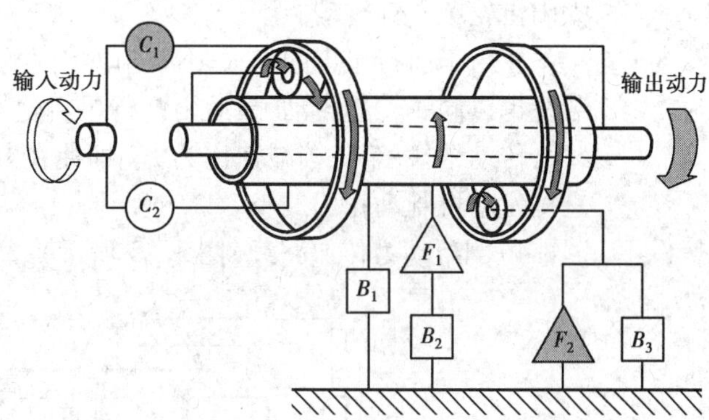

图 3.22　*D* 位 1 挡动力传递路线

2)*D* 位 2 挡动力传递路线(图 3.23 所示)

• 输入轴通过 C_1 使前行星小齿轮顺时针转动

• 由于太阳齿轮被 B_2 和 F_1 固定,动力不传递到后行星齿轮。

• 前行星齿轮架使输出轴顺时针转动。

传动结果:减速比小于一挡,并且在“2”位中,B_1 运转而发动机制动起作用。

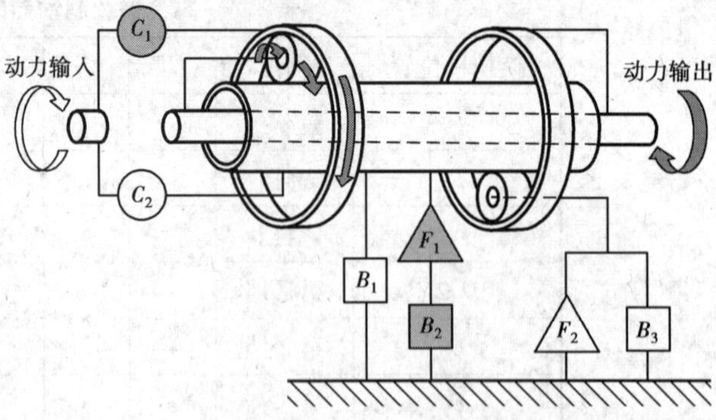

图 3.23　D 位 2 挡动力传递路线

3) D 位 3 挡动力传递路线(图 3.24 所示)

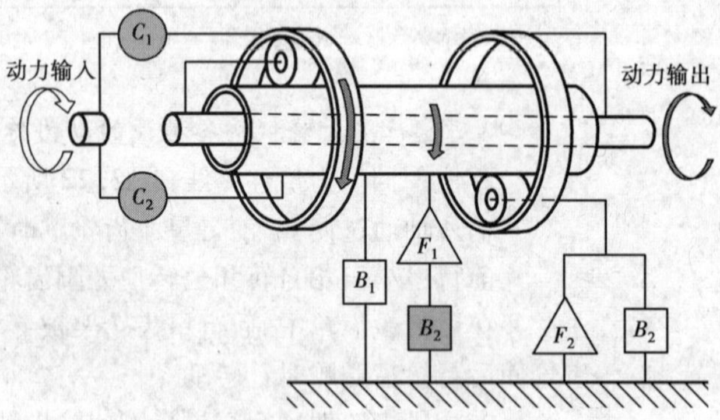

图 3.24　D 位 3 挡动力传递路线

• 输入轴通过离合器 C_1 使前行星小齿轮顺时针转动,同时通过 C_2 使太阳齿轮顺时针转动。

• 由于前行星齿圈和太阳齿轮以相同的转速一起转动,整个行星齿轮装置也以同一转速转动,最后由前行星齿轮架输出动力给输出轴。

传动结果:第三挡减速比为 1。即使在"D"位,由于减速比为 1,所以第三挡发动机制动作用最小。

4) 倒挡动力传递路线(图 3.25 所示)

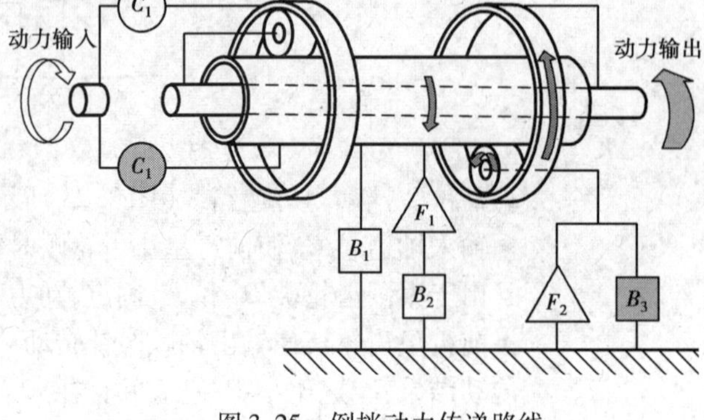

图 3.25　倒挡动力传递路线

• 输入轴通过 C_2 使太阳齿轮顺时针转动。

• 在后行星齿轮组，由于后行星齿轮架被 B_3 固定，所以后行星齿圈通过后行星小齿轮逆时针转动，并且输出轴逆时针转动。

传动结果：车辆以大的减速比倒车。在传动桥换挡时发生发动机制动，所以倒挡不使用单向离合器来传递动力。

5）“P”或“N”位倒挡动力传递路线（图 3.26 所示）

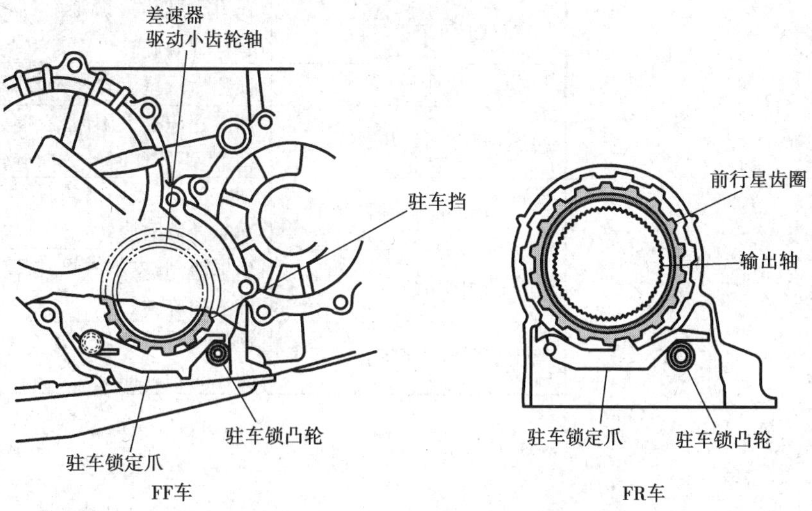

图 3.26　驻车锁紧机构

• 当变速杆位于“N”或“P”位时，前进挡离合器（C_1）和直接挡离合器（C_2）不运转，所以输入轴的动力不会输入到输出轴。

• 当换挡杆处于“P”时，驻车锁爪与驻车联锁机构结合，从而防止车辆移动，见图 3.26 所示。

传动结果：“N”位时发动机运转（或不运转）而输出轴没有动力。“P”位时发动机不运转而车辆输出轴被锁止，车辆不能移动。

2. 超速挡行星齿轮机构

超速挡行星齿轮机构又称为“O/D 挡”，是一个独立的行星齿轮装置，其传动比小于 1。它与常规的三速行星齿轮机构配套，相同于四速行星齿轮机构。

（1）超速挡行星齿轮机构组成

超速挡行星齿轮机构位于三速行星齿轮机构的后面，由行星齿轮组、制动器（B_0）、离合器（C_0）和单向离合器（F_0）组成，见图 3.27 所示。

动力输入到超速挡齿轮架，动力从超速挡齿圈输出。通常，车速超过“D”位的 40 km/h，自动换挡到超速挡运转。当然，驾驶员也可以手动操纵不换到超速挡驾驶。

（2）超速挡行星齿轮机构各元件功能

表 3.4 列出了图 3.27 中各元件在工作过程中表现的功能。表 3.5 列出了离合器和制动器在超速挡的运作状况。

表 3.4　四速行星齿轮机构各元件功能

名　称	功　能
超速直接挡离合器(C_0)	连接超速挡行星齿轮架与太阳齿轮
前进挡离合器(C_1)	连接输入轴与前齿圈
直接挡离合器(C_2)	连接输入轴与前、后太阳齿轮
超速挡单向离合器(F_0)	锁定超速挡齿轮架,使之不能逆时针方向转动
1 号单向离合器(F_1)	在 B_2 运作时,锁定前、后太阳齿轮,使之不能逆时针方向旋转
2 号单向离合器(F_2)	锁定后行星齿轮架,使之不能逆时针方向转动
超速挡制动器(B_0)	锁定超速挡太阳齿轮,使之既不能顺时针方向转动,也不能逆时针方向旋转
第 2 挡滑行制动器(B_1)	锁定前、后太阳齿轮,使之既能顺时针转动,也能逆时针方向旋转
第 2 挡制动器(B_2)	锁定前、后太阳齿轮,使之在 F_1 运作时不能逆时针方向旋转
第 1 挡及倒挡制动器(B_3)	锁定后行星齿轮,使之既不能顺时针转动,也不能逆时针方向旋转

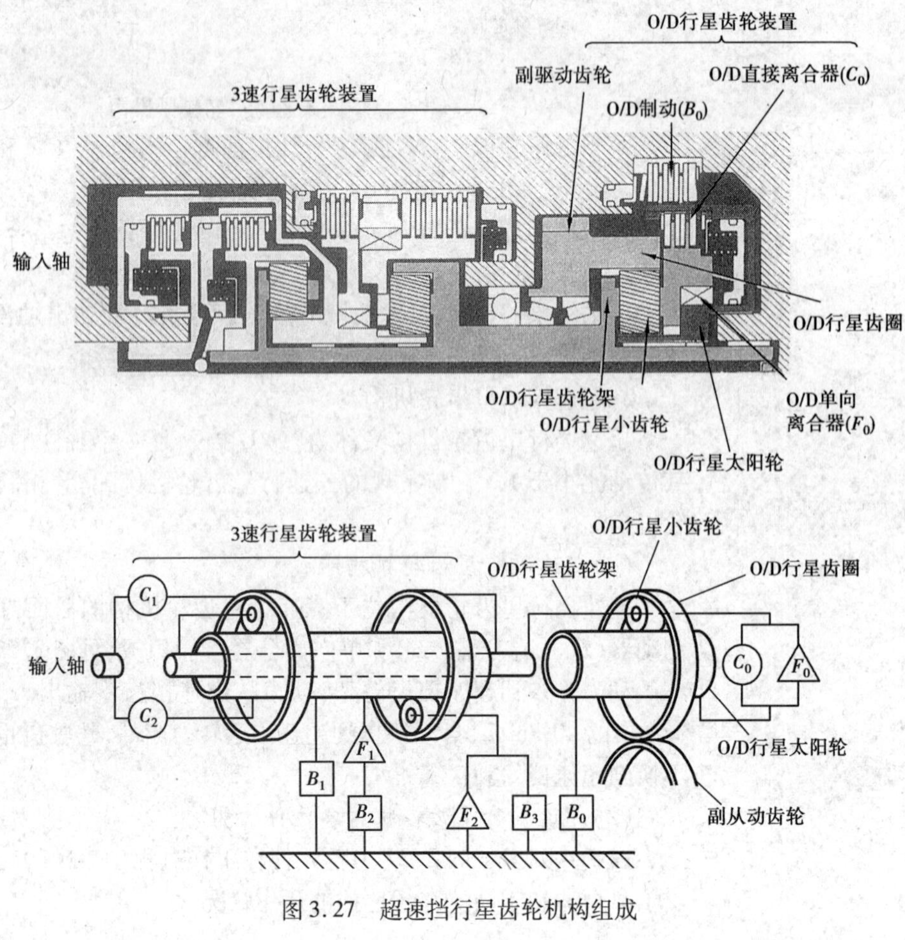

图 3.27　超速挡行星齿轮机构组成

表 3.5　四速行星齿轮机构离合器及制动器的运作状况

换挡杆位置	挡位	C_0	F_0	C_1	C_2	B_0	B_1	B_2	F_1	B_3	F_2
P	驻车挡	*									
R	倒挡	*			*					*	
N	空挡	*									
D,2	第 1 挡	*	*	*							*
D	第 2 挡	*	*	*				*	*		
D	第 3 挡	*	*	*	*			*			
D	超速挡			*	*	*		*			
2	第 2 挡	*	*	*			*	*	*		
L	第 1 挡	*	*	*						*	*

注：* 表示离合器和制动器接合。

(3)超速挡行星齿轮机构动力传递路线

1)不在超速挡

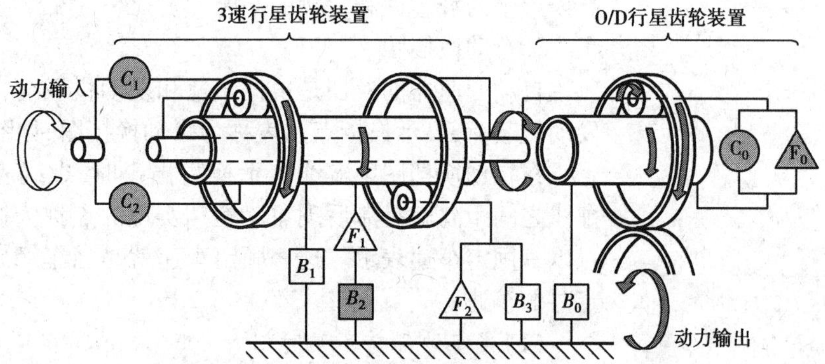

图 3.28　超速挡行星齿轮机构不在超速挡工作

当换挡杆处于"D"位工作时，超速挡行星齿轮机构中 C_0、F_0 工作，见图 3.28 所示，这时超速挡行星齿轮机构作用如同一个直接挡（传动比为 1）传动机构，作为一个整体装置输出动力（转速和扭矩）。

2)在超速挡

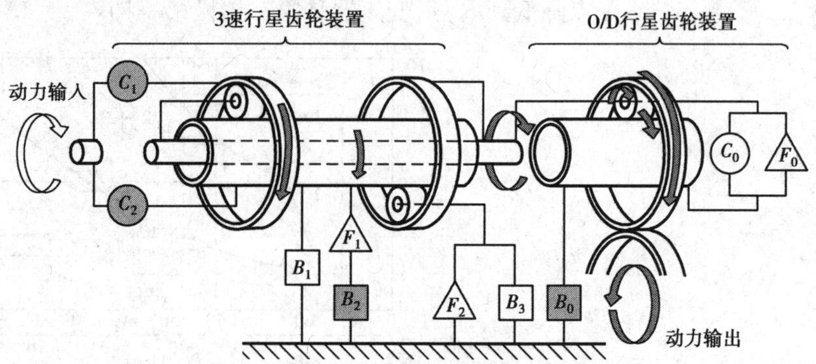

图 3.29　超速挡行星齿轮机构在超速挡工作

当车辆行驶在超速挡时，三速行星齿轮机构处于直接挡工作位置，O/D

制动器(B_0)锁住 O/D 太阳齿轮,所以在超速挡小齿轮绕着超速挡太阳齿轮顺时针公转的同时,也绕着小齿轮轴自转,因此超速挡齿圈顺时针转动比超速挡齿轮架快,传动比小于1,一般为0.7~0.8。

3.2.3 自动换挡图

1. 滞后现象

(1)滞后现象的定义

如果汽车在加速踏板保持一定恒定角度时启动,变速器在一定速度换高挡,并停留在此挡上。汽车爬坡时速度变慢,变速器自动换低挡。变速器换挡时的速度有一定的范围,与挡位无关,这个范围称为滞后现象。

(2)滞后现象的作用

滞后现象是每个自动变速器内在特性,用以防止变速器换挡过频,提高人乘坐的舒适性和货物的平顺性。

2. 自动换挡图

自动变速器的换挡是根据车速和发动机载荷自动实现的,根据车速和发动机载荷,显示换挡点图表称为自动换挡图,见图3.30所示。

在自动换挡图中实线表示换高挡正时,虚线表示换低挡正时,实线与虚线之间距离就是滞后现象。换挡实现的点称为换挡点,每种车型的换挡点以一固定车速表示。这一固定车速就是当车辆启动时,加速踏板开度恒定时的车速。

(1)当车速保持不变时

如果加速踏板由 A 点往下踩加速踏板开度达到 C 点,变速器从第二挡换第一挡;如果加速踏板由 A 点往上抬加速踏板开度达到 B 点,变速器从第二挡换第三挡。

(2)当节气门开度保持不变时

如果车速由 A 点增加 D 点,变速器从第二挡换第三挡;如果车速由 A 点降低到 E 点,变速器从第二挡换第一挡。

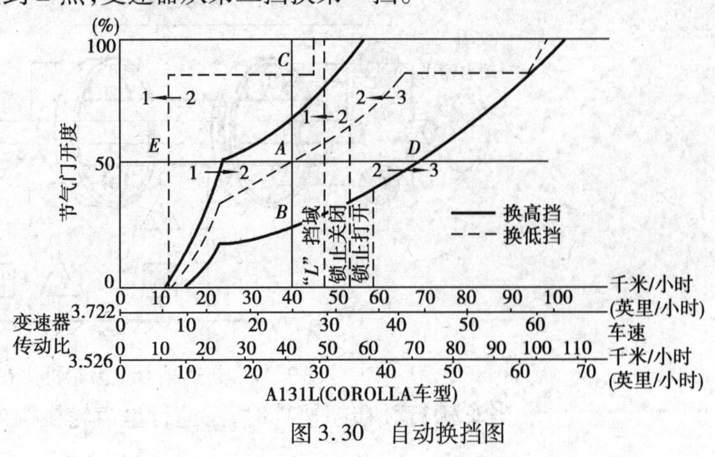

图3.30 自动换挡图

在实际驾驶和修理汽车时，可以根据实际换挡点与自动换挡图的相符程度，以及变速器工作与换挡图中的哪一条线(1—2,2—3 等)不相符，判断自动变速器是否有故障。

自测题2

1. 按以下给出的情况计算单排行星齿轮装置传动比。

已知：太阳轮 30 齿、行星齿圈 60 齿。

(1)指出图 3.31 到图 3.34 中哪个元件是主动件(输入)，哪个是被动件(输出)，哪个是固定件。

(2)计算行星齿轮机构的传动比。

(3)在下列图中用箭头标出输入和输出件的转动方向。

- 直接连接动力传动

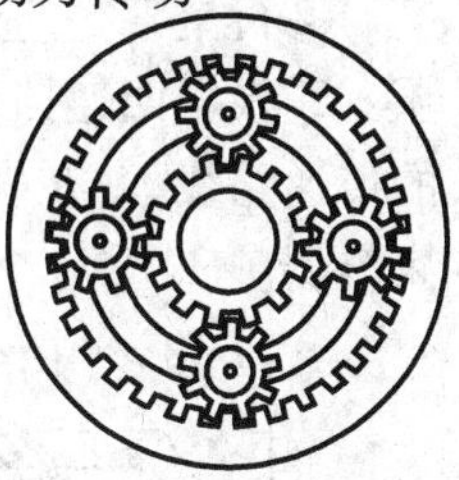

图 3.31　单排行星齿轮机构

①太阳轮______　　③内齿圈______

②行星架______　　④传动比______

- 反向动力传递

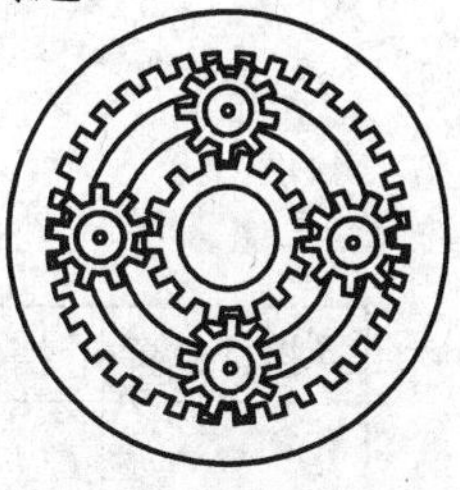

图 3.32　单排行星齿轮机构

①太阳轮______　　③内齿圈______

②行星架______　　④传动比______

- 实现减速动力传递

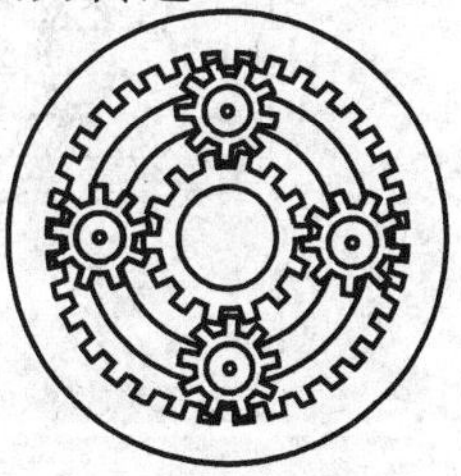

图 3.33　单排行星齿轮机构

①太阳轮______　　③内齿圈______

②行星架______　　④传动比______

• 实现加速动力传动

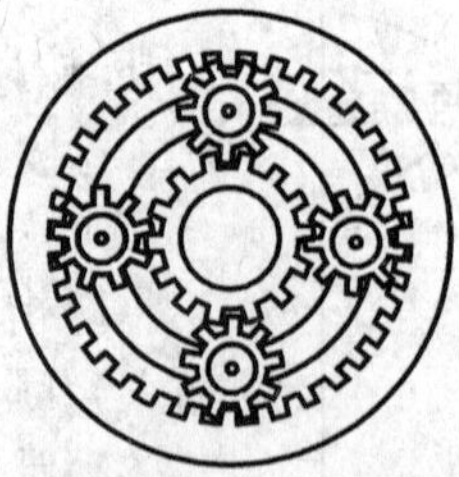

图 3.34　单排行星齿轮机构

①太阳轮______　　③内齿圈______

②行星架______　　④传动比______

2. 根据四速挡动力传递原理,在图 3.35 ~ 图 3.40 中画出各挡位的传递路线,并在表格中用"＊"表示参与工作的离合器、制动器、单向离合器。

• "D"位 1 挡动力传递路线

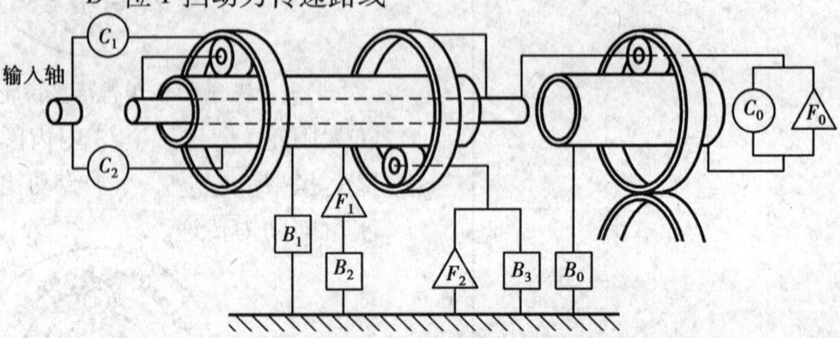

图 3.35　"D"位 1 挡动力传递路线

换挡杆位置	挡位	C_0	F_0	C_1	C_2	B_0	B_1	B_2	F_1	B_3	F_2

• "D"位 2 挡动力传递路线

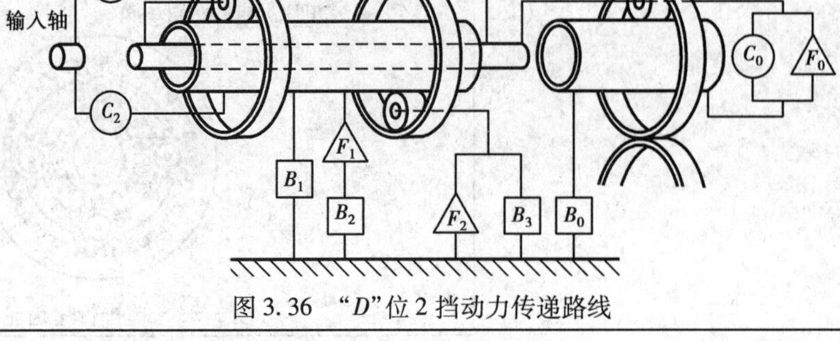

图 3.36　"D"位 2 挡动力传递路线

换挡杆位置	挡位	C_0	F_0	C_1	C_2	B_0	B_1	B_2	F_1	B_3	F_2

- "D"位 3 挡动力传递路线

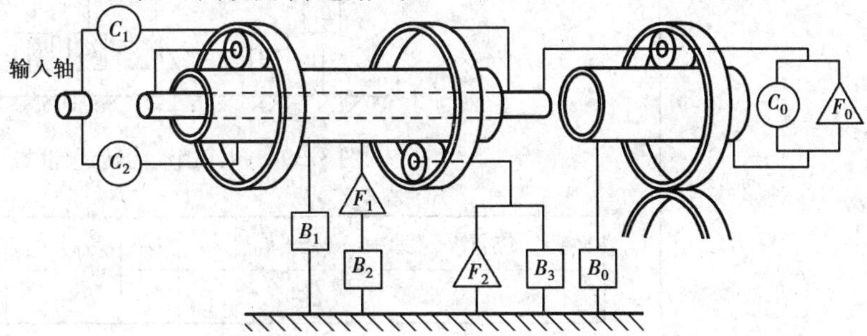

图 3.37　"D"位 3 挡动力传递路线

换挡杆位置	挡位	C_0	F_0	C_1	C_2	B_0	B_1	B_2	F_1	B_3	F_2

- 倒挡动力传递路线

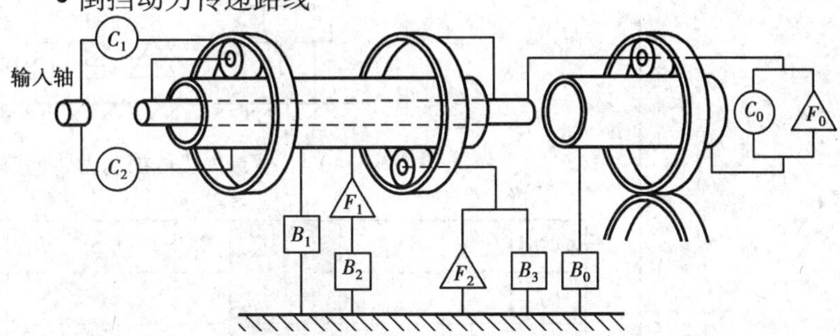

图 3.38　倒挡动力传递路线

换挡杆位置	挡位	C_0	F_0	C_1	C_2	B_0	B_1	B_2	F_1	B_3	F_2

- 在超速挡行驶

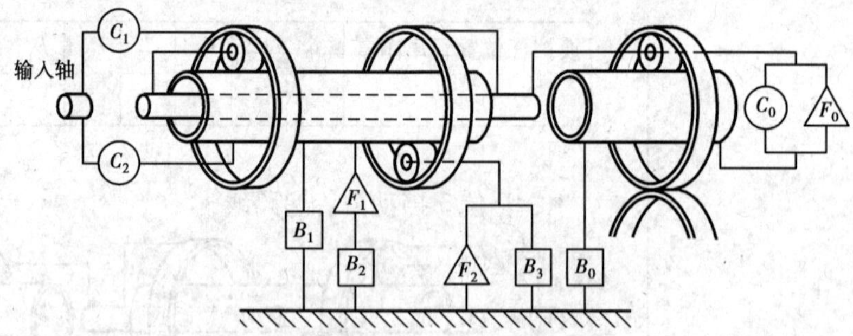

图 3.39　超速挡动力传递路线

换挡杆位置	挡位	C_0	F_0	C_1	C_2	B_0	B_1	B_2	F_1	B_3	F_2

- “P”或“N”位动力传递路线

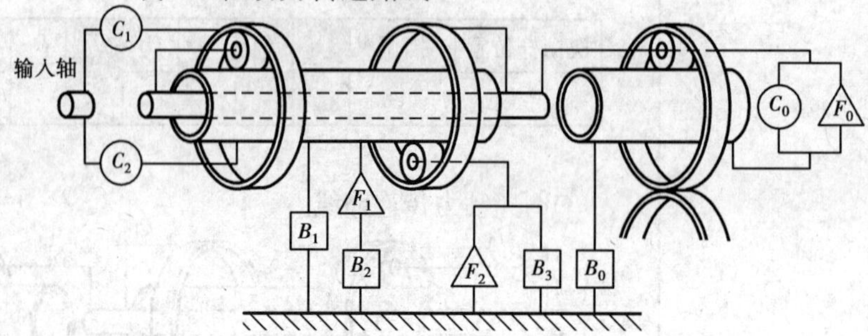

图 3.40　“P”或“N”位挡动力传递路线

换挡杆位置	挡位	C_0	F_0	C_1	C_2	B_0	B_1	B_2	F_1	B_3	F_2

活动 2　识别行星齿轮机构传动路线

1. 请你在教师提供的自动变速器上，识别三速行星齿轮机构和超速挡行星齿轮机构的名称、安装位置。

2. 口述行星齿轮机构系统零件的作用和各挡位的动力传递过程。

提出这些问题的目的是检查你把书本知识应用到实际的能力，要求你不使用参考资料回答。

- 1 号单向离合器(F_1)
- 2 号单向离合器(F_2)
- 超速直接挡离合器(C_0)
- 前进挡离合器(C_1)
- 直接挡离合器(C_2)
- 超速直接挡离合器(C_0)
- 第 2 挡滑行制动器(B_1)
- 第 2 挡制动器(B_2)
- 第 1 挡及倒挡制动器(B_3)
- 超速挡制动器(B_0)

单元三鉴定单

题　目	肯定回答
你是否完成 1,2 的学习活动及 1,2 自测题,并得到教师的确认?	
你是否根据已有程序和预定标准,收集、分析和组织完成资料?	
你是否通过标准的精确性和有效性,正确地交流信息?	
你是否按计划有组织地活动完成目标?	
你是否充分使用学习资源,达到学习目标?	
操作完成水平: 上述表格中所有项目必须是肯定回答。如果不是,应咨询教师。你可以要求附加有关活动,以便完成要求的操作技能。 教师签字:______________ 学生签字:______________ 完成日期和时间:__________	

单元学习评估

现在你已经完成了这一单元的学习，希望你能对所参与的活动提出意见。

请在相应的栏目内打“✓”。	非常同意	同意	没有意见	不同意	非常不同意
1. 这一单元给我很好地提供了……的综述？					
2. 这一单元帮助理解了……的理论？					
3. 我现在对尝试……感到了自信？					
4. 该单元的内容适合我的需求？					
5. 该单元中举办了各种活动？					
6. 该单元中不同部分融合得很好？					
7. 单元学习中教师待人友善愿意帮忙？					
8. 单元学习让我做好了参加鉴定的准备？					
9. 该单元中所有的教学方法对我的学习起到了帮助作用？					
10. 该单元提供的信息量正好？					
11. 鉴定是公平、适当的？					
你对改善本科目后面单元的教学有什么建议？					

单元四　认识液压控制系统的作用和工作原理

学习目的

通过本单元的学习,帮助你形成以下能力:

①描述液压控制系统的作用和组成。

②描述液压控制系统各挡位的液体流动路线。

③识别液压控制系统的主要元件。

学习资源

有关自动变速器工作原理及结构的资料,可查询文字或电子文档。

各种介绍自动变速器结构原理的书籍;

个人防护用品用具;

安全的工作环境和工作场所;

各种类型的自动变速器。

学习步骤

从前面的介绍知道:自动变速器通过与发动机曲轴连接的变矩器接受发动机的动力,液压变矩器又通过液力作用把发动机的动力传递给变速器输入轴。输入轴将动力提供给行星齿轮机构,通过多片离合器、单向离合器、制动器控制各挡的传动路线。而离合器或制动器工作则由控制油压和方向的变速器阀体把液压传递到相应的施力装置上,固定或驱动行星齿轮机构。因此,自动变速器中的液压控制系统来保证发动机动力的传递和方向改变,按照汽车行驶条件正常换挡。

4.1　液压控制系统的作用

液压系统为液压变矩器提供传动介质,完成变速器自动换挡控制,保证变速器各部分的润滑,使变速器得到可靠的散热和冷却。因此,液压系统的作用如下:

①向变矩器提供变速器油。

②控制油泵产生的液压。

③将发动机载荷及车速转换成液压“信号”。

④对离合器及制动器施加压力,以控制行星齿轮运作。

⑤润滑变速器转动部件。

⑥冷却变矩器和变速器零件。

由此可见,液压控制系统起到传动、控制、操纵、冷却和润滑等作用。

4.2 液压控制系统的类型和组成

1. 液压控制系统的类型

根据控制机构工作原理的不同,自动变速器液压控制系统有液压式和电控液压式两种类型。即使采用电子控制技术,也无法完全取代液压系统的作用。

下面主要介绍液压控制系统各部分的组成和工作原理。

2. 液压控制系统的组成

液压控制系统由油底壳、油泵、各种阀、液压油道与管道组成,见图4.1所示。油底壳用作储油槽,油泵产生液压;各种阀有各种功能,液压油管道将变速器油传送至离合器、制动器及液压控制系统的其他部件。液压控制系统的大多数阀安装在行星齿轮下方的阀体总成内。

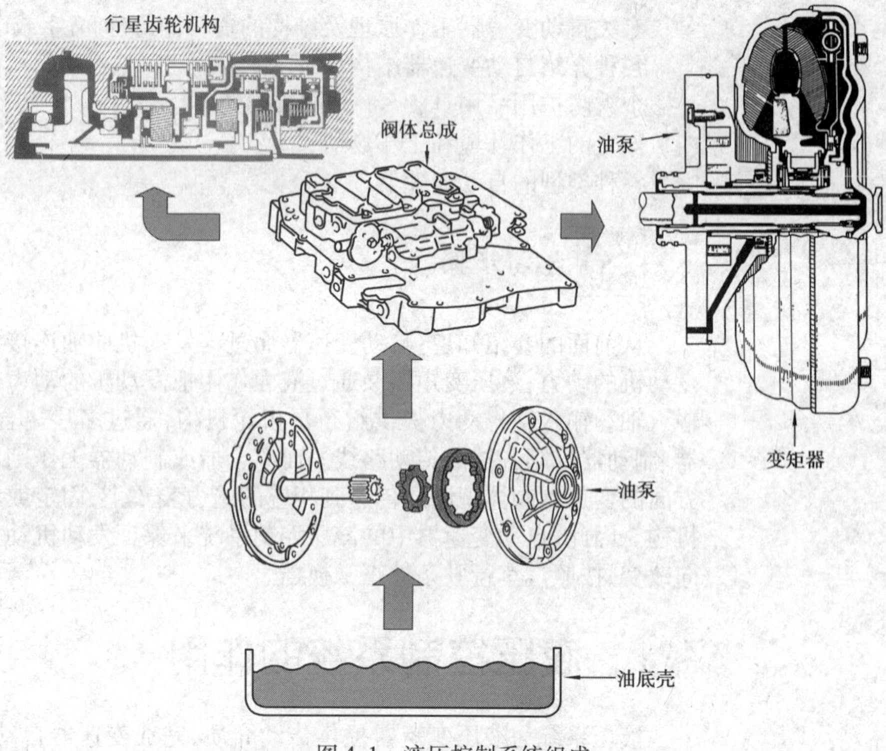

图4.1 液压控制系统组成

4.3 液压控制系统回路

1. 液压控制系统回路

在自动变速器中通常有6种液压回路,见图4.2所示。大多数油道在油底壳和各种不同的管道中,它们包括:

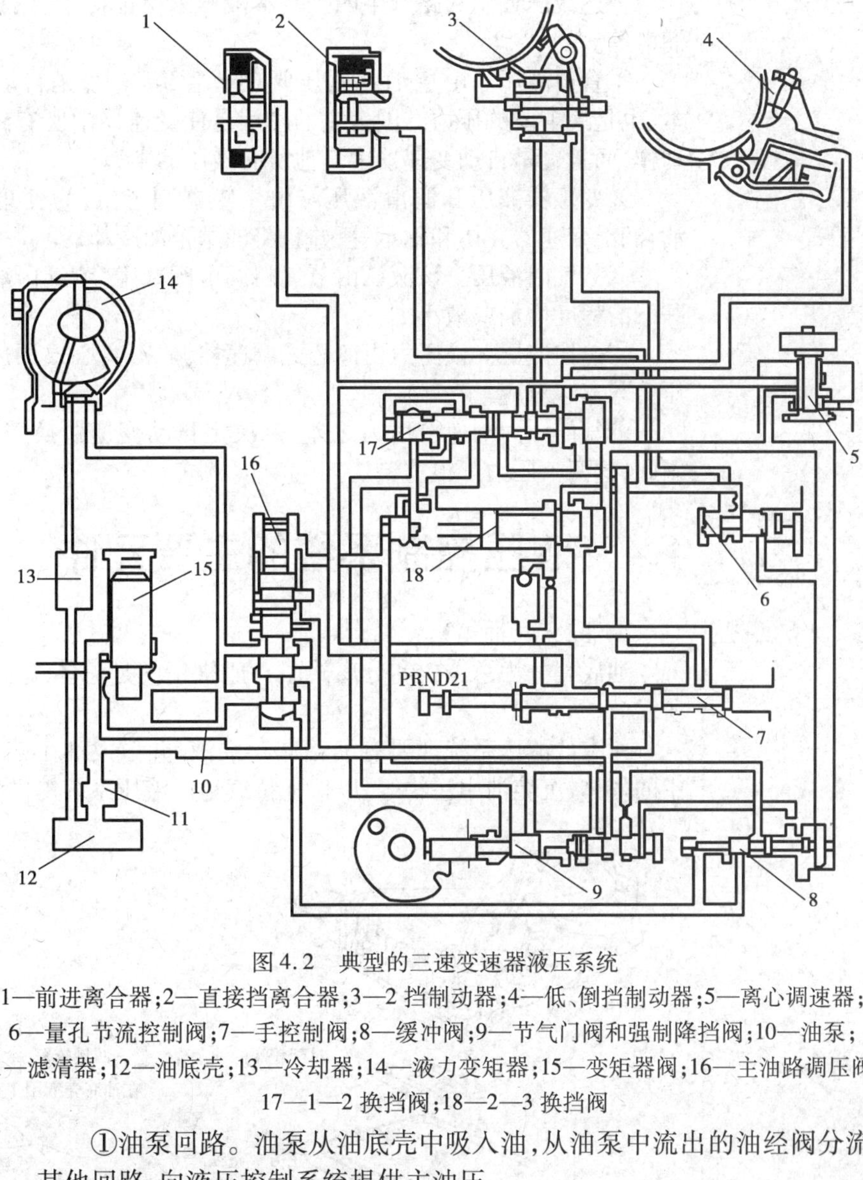

图 4.2　典型的三速变速器液压系统

1—前进离合器；2—直接挡离合器；3—2 挡制动器；4—低、倒挡制动器；5—离心调速器；6—量孔节流控制阀；7—手控制阀；8—缓冲阀；9—节气门阀和强制降挡阀；10—油泵；11—滤清器；12—油底壳；13—冷却器；14—液力变矩器；15—变矩器阀；16—主油路调压阀；17—1—2 换挡阀；18—2—3 换挡阀

①油泵回路。油泵从油底壳中吸入油，从油泵中流出的油经阀分流到其他回路，向液压控制系统提供主油压。

②前离合器油路。阀体中的油路经前盖和一个轴中的通道流向前方或前离合器中。

③后离合器油路。阀体中的油路经前离合器和泵的腔中流到后离合器中。

④制动器油路。使制动器制动和释放。

⑤变矩器油路。液体被从阀体和轴中引入到变矩器中使它充满。液体同样要流经冷却器来减少到锁止离合器中的油过热。

⑥润滑油油路。各种各样的油道被用来从阀体中导入润滑油到轴承、齿轮、离合器等。

2. 液压控制系统液压

上述液压控制回路产生四个基本液压来保证传动、控制、操纵、冷却和润滑等。

①管道液压。由主油路调压阀调节管道压力，是自动变速器中最基本、也是最重要的压力。因为它的作用是使变速器中所有离合器和制动器动作，而且也是自动变速器中其他所有液压的来源。

②变矩器液压和润滑液压。由变矩器阀产生，为变矩器供应变速器油，润滑变速器壳体和轴承等，并且将油送至油冷却器。

③节气门液压。该液压由节气门调节阀产生，节气门液压随加速踏板踩下的程度增加或减小。

④速控液压。该压力由离心式调速器调节，离心式调速器调节的速控压力与车速对应。

节气门压力与速控压力之差，是决定自动变速器换挡点的重要因素。因此，这两个压力都很重要。

4.4 液压控制系统的主要元件

1. 油底壳(油箱)

油底壳分为总体式和分离式。一般常用的是总体式油底壳，见图 4.3 所示。

所有的液压系统都要有油箱储存油液，并散发油中热量，逸出混在油中的气体、沉淀油中污物等，以保证持续地向液压系统提供油液。

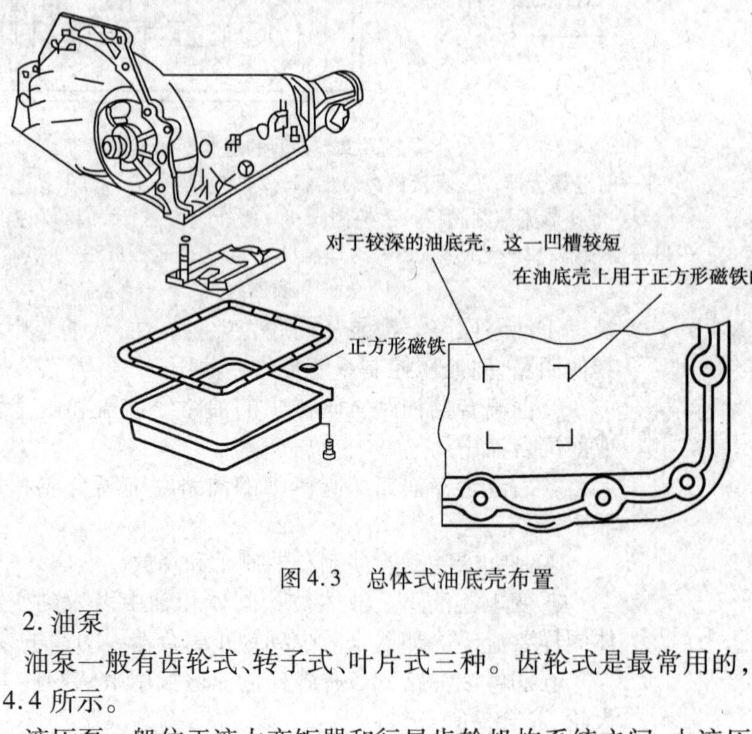

图 4.3 总体式油底壳布置

2. 油泵

油泵一般有齿轮式、转子式、叶片式三种。齿轮式是最常用的，结构见图 4.4 所示。

液压泵一般位于液力变矩器和行星齿轮机构系统之间，由液压变矩器驱动。它向液压控制系统提供液体流向变速器中不同的液压回路。

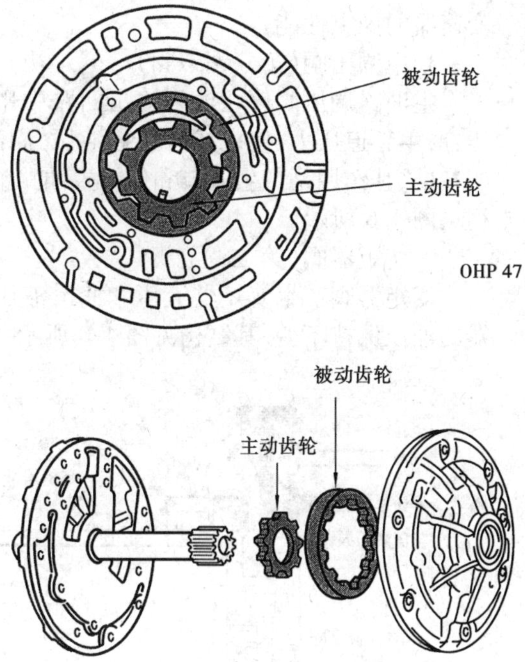

图 4.4　齿轮式油泵结构

3. 阀体

阀体是由铝或铸铁加工而成，其上有许多精加工的孔和油道，见图 4.5 所示。油液通过一定的油路和油孔流入和流出阀体。

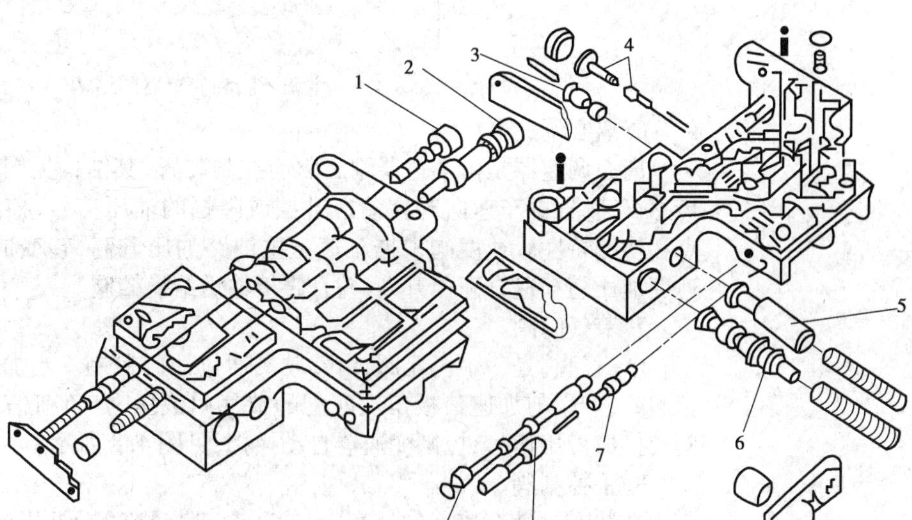

图 4.5　控制阀体总成

1—1—2 换挡阀；2—2—3 换挡阀；3—量孔节流控制阀；4—缓冲阀；5—变矩器阀
6—主油路调压阀；7—节气门阀；8—强制降挡阀；9—手控制阀

阀体的作用是根据发动机和汽车的负荷和驾驶员的需求，来控制输出到不同的执行机构的油压，适时控制制动器和离合器的结合和分离，保证变速器的操纵性能。

4. 主调压阀(第一调节阀)

主油路调压阀放在油泵输出回路中用作限压阀。调节油泵产生的油压,产生管道压力,使之成为速控液压、润滑液压、节气门液压等各种液压的基础,其作用是产生调节和保持主油路油压,防止主油路油压过高,其结构见图 4.6 所示。

5. 变矩器阀(第二调节阀)

变矩器阀产生变矩器液压和润滑液压。使从主调压阀中出来到变矩器的油压保持不变,其结构见图 4.6 所示。

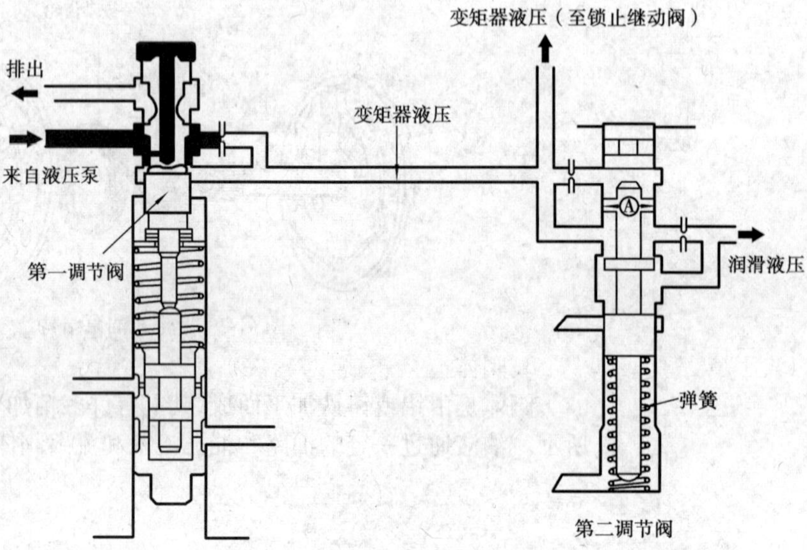

图 4.6　主调压阀和变矩器阀结构

6. 离心调速器

离心调速器是由变速器输出驱动控制装置,其结构见图 4.7 所示。它传感车速,根据车速向阀体输送升挡或降挡的油压信号,控制变速器换挡点和换挡特性。速度阀根据车速把主油路油压升高,转变成为速度油压。速度油压随车速升高而升高,并且直接输送给换挡阀。

7. 节气门阀

节气门阀是一个调压阀,由驾驶员通过油门控制。当加速踏板踩下或抬起时,产生与加速踏板角度匹配的节气门液压,将负荷信号通过节气门阀转换成液压信号,控制变速器自动换挡,见图 4.8 所示。

8. 手控制阀

在装有自动变速器的汽车上,除了自动换挡的操纵机构外,还有一套由驾驶员手动操纵机构,即换挡选择杆和拉索。手控制阀由驾驶员操纵选择杆相连,在自动变速器系统中每一个位置为一种行驶工况或一种排挡范围,对应换挡选择杆的位置“倒”、“空”、“前”、“低”等挡位。见图 4.9 所示。

9. 1—2 换挡阀

选择 1 挡和 2 挡间作用于行星齿轮机构的管道压力,按照需要控制阀使其流入液体到制动带和离合器,由调速器压力控制。

10.2—3 换挡阀

选择2挡和3挡间作用于行星齿轮机构的管道压力,按照需要控制阀使其流入液体到制动带和离合器,由调速器压力控制。

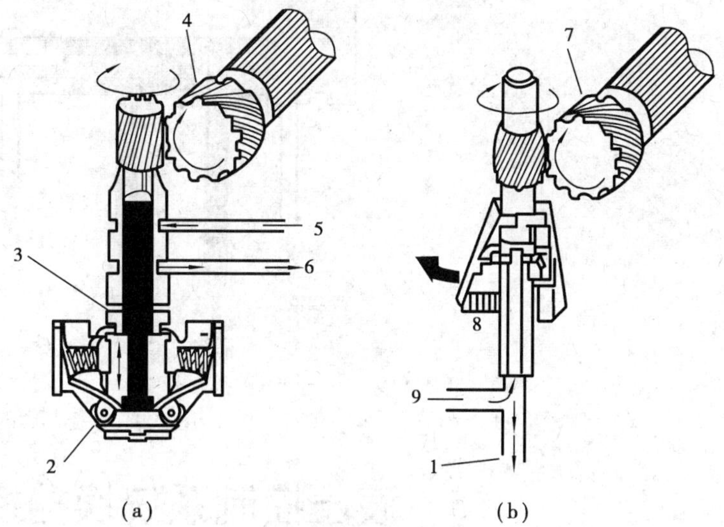

图4.7　齿轮驱动线轴滑阀式和止回阀式速度阀
(a)线轴滑阀式速度阀　(b)止回阀式速度阀
1,6—速度油压;2—杠杆支点;3,8—被控制的泄油口;
4,7—变速器输出轴;5,9—主油路油压;

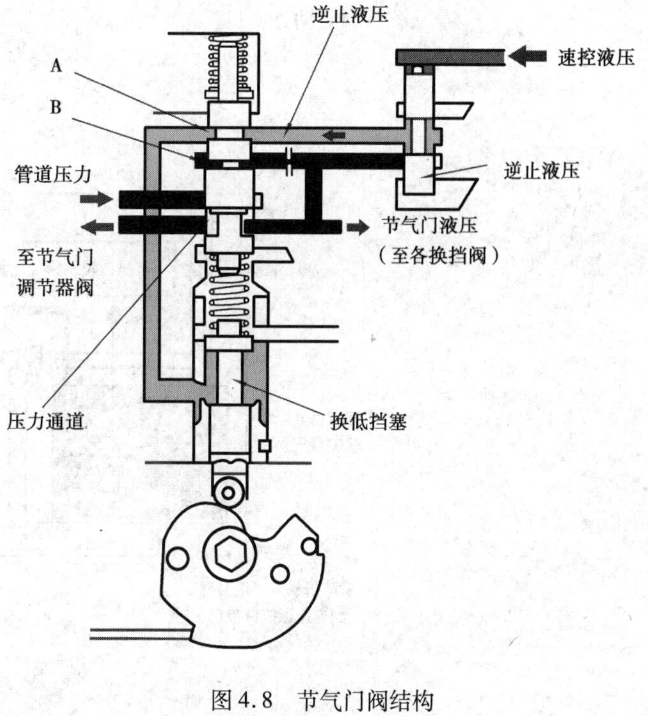

图4.8　节气门阀结构

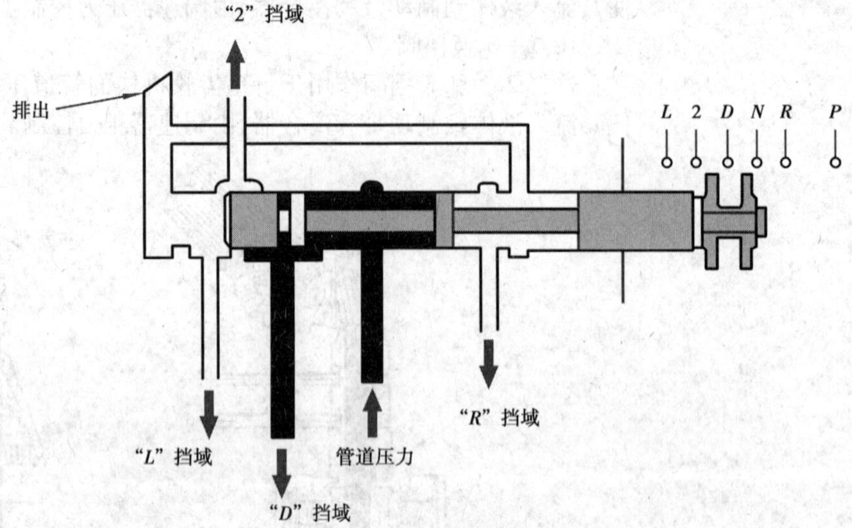

图 4.9 手控制阀的结构

4.5 液压控制系统换挡控制

自动变速器自动换挡的传动比取决于发动机的转速和负荷、车速以及其他行驶条件。液压控制系统就是将这些车速及发动机载荷转换成液压"信号"。根据这些信号,行星齿轮离合器及制动器受到液压作用,自动调整传动比实现自动换挡过程,见图 4.10 所示。其自动换挡控制系统原理,见图 4.11 所示。

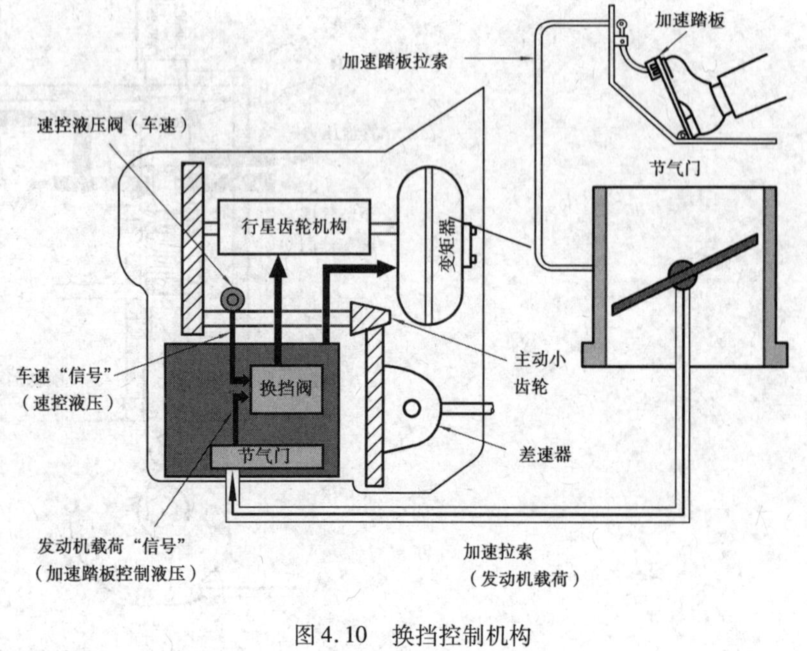

图 4.10 换挡控制机构

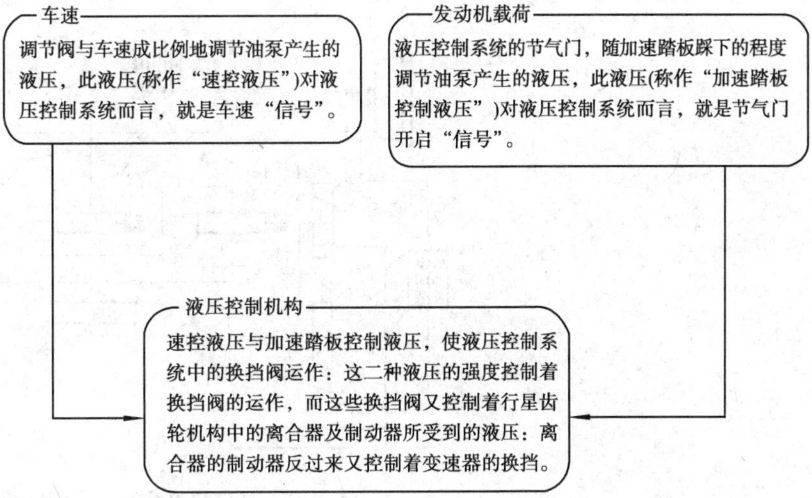

图 4.11　换挡控制系统原理图

4.6　液压控制系统各挡液体动力传递线路

1. N 位和 P 位

N 位和 P 位的液压回路见图 4.12 所示。这时换挡选择杆置于 N 位或 P 位,手动阀处于 N 位或 P 位接通液压回路,准备为执行元件供油,其液体动力传递线路为:

- 液压泵将变速器油压入主油路调压阀。
- 主油路压力油受到手动阀的限制,无法进入液压回路。
- 变矩器阀为液压变矩器和润滑系统提供压力油。
- 自动变速器油温度在液力变矩器工作过程中不断升高,被送入冷却系统进行冷却后油液回到油底壳,进入下一次循环。

2. D 位 1 挡

D 位 1 挡的液压系统见图 4.13 所示。

如果换挡选择杆置于 D 位,手动阀处于 D 位接通液压回路,准备为执行元件供油。压力油进入前进挡离合器,变速器挂 1 挡。

如果换挡选择杆位于 1(或 2)位,手动控制阀同时将压力油送至低、倒挡制动器,于是变速器被锁止在发动机制动挡。

3. D 位 2 挡

D 位 2 挡的液压系统见图 4.14 所示。换挡选择杆仍置于 D 位,手动阀处于 D 位接通液压回路,准备为执行元件供油。

- 随着车速的升高,作用于 1—2 挡阀左端的离心调节器压力不断升高。

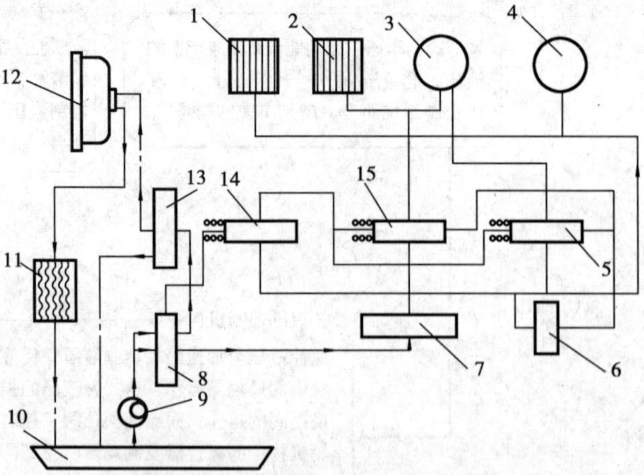

图 4.12　*N* 位和 *P* 位液压系统回路

1—前进离合器;2—直接挡离合器;3—2 挡制动器;
4—低、倒挡制动器;5—1—2 挡换挡阀;6—离心调速器;
7—手控制阀;8—主油路调压阀;9—液压泵;
10—油底壳;11—冷却器;12—液力变矩器;
13—变矩器阀;14—节气门阀;15—2—3 挡换挡阀

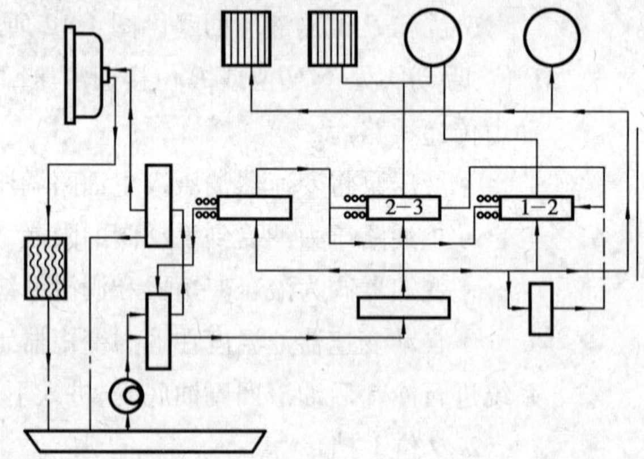

图 4.13　*D* 位 1 挡液压回路

• 主动油路压力经 1—2 换挡进入 2 挡制动器,2 挡离合器和制动器均处于工作状态。变速器由 1 挡升入 2 挡。

• 当车速下降,2 挡制动器供油道关闭,2 挡制动器放松,变速器降回 1 挡。

4. *D* 位 3 挡

D 位 3 挡的液压系统见图 4.15 所示。换挡选择杆仍置于 *D* 位,手动阀处于 *D* 位接通液压回路,准备为执行元件供油。

• 当车速达到一定数值时,2—3 换挡阀在接通直接挡离合器供油通道。

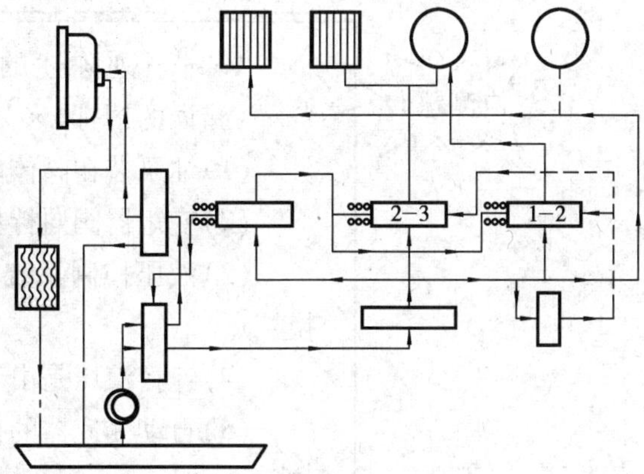

图 4.14　*D* 位 2 挡液压回路

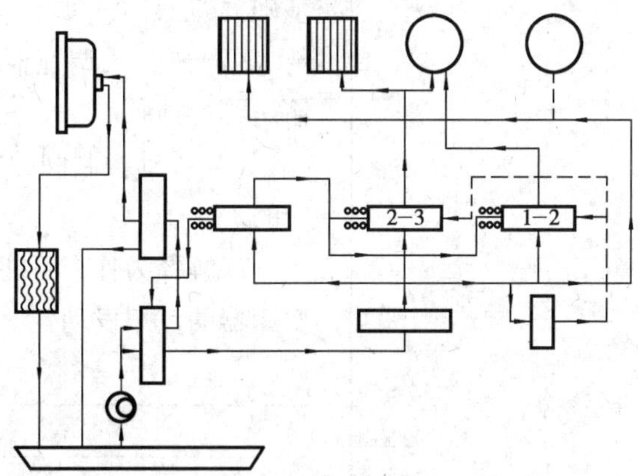

图 4.15　*D* 位 3 挡液压回路

- 同时打开 2 挡制动器泄漏通道。
- 直接挡离合器与前进挡离合器参加工作,2 挡制动器解除,离合器由 2 挡升入 3 挡。

5. *R* 位

换挡选择杆置于 *R* 位,手动阀处于 *R* 位接通液压回路,接通直接挡离合器和低、倒挡制动器的供油通道,变速器换入倒挡。

自测题1

1. 对下列陈述的观点进行判断，正确的请打"✓"，错误的请打"×"。

(1)油泵装在阀体内。 □

(2)变矩器阀向行星齿轮机构提供润滑压力。 □

(3)液压控制系统的作用是传递压力，控制自动换挡点。 □

(4)速控液压是由节气门阀产生。 □

(5)自动变速器的换挡点取决于节气门压力与速控压力之差。 □

(6)油底壳只起沉淀油中污物的作用。 □

(7)主调节阀产生的油压是控制系统各种液压的基础。 □

(8)离心式调速器将车速信号转变成液压信号，输送给换挡阀。 □

(9)手动控制阀的挡位与换挡选择杆的挡位是对应的。 □

2. 解释为什么不能用推车的方法来启动装有自动变速器的汽车发动？

____

____

3. 画出液压控制系统换挡控制原理图。

4. 对照液压控制系统图4.12～图4.15，在图4.16中用不同颜色笔描出空挡、*D*位1挡、*D*位3挡的液体动力传递路线。

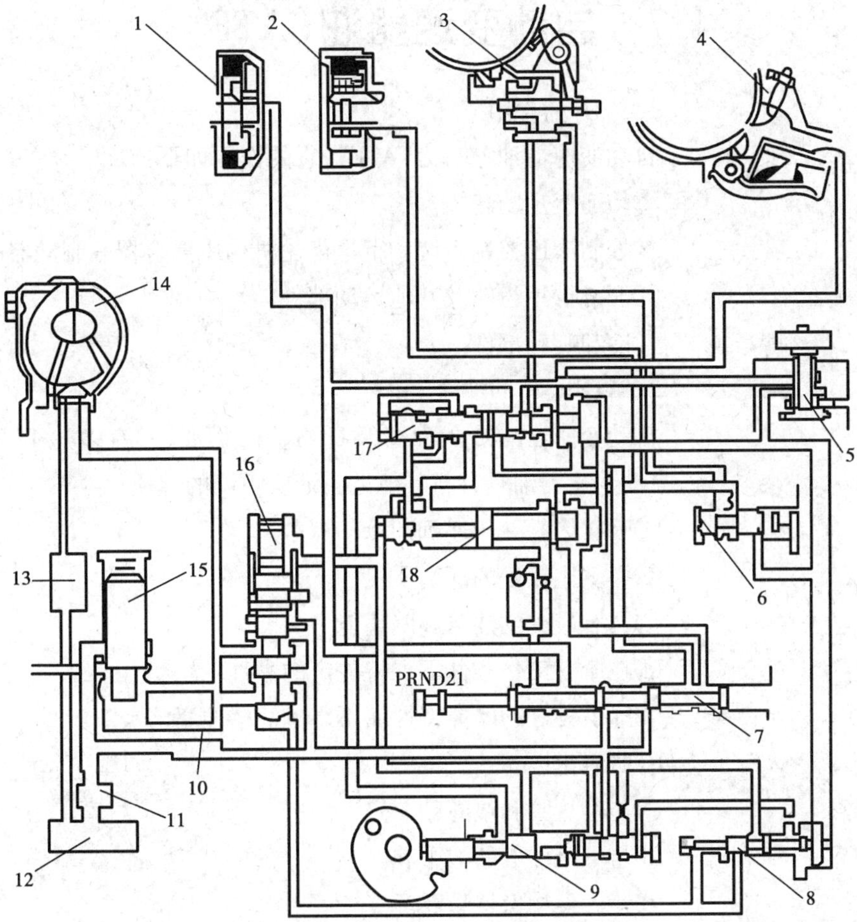

图 4.16　典型的三速变速器液压系统

1—前进离合器;2—直接挡离合器;3—2 挡制动器;4—低、倒挡制动器;5—离心调速器;6—量孔节流控制阀;7—手控制阀;8—缓冲阀;9—节气门阀和强制降挡阀;10—油泵;11—滤清器;12—油底壳;13—冷却器;14—液力变矩器;15—变矩器阀;16—主油路调压阀;17—1—2 换挡阀;18—2—3 换挡阀

活动 1　识别液压控制系统零件

1. 根据教师提供的自动变速器,识别液压控制系统油泵、阀体、油底壳部件,并口述它们的作用。

2. 根据阀体结构图,找出各控制阀的位置,并口述各阀的作用。

4.7 自动变速器油(ATF)

1. ATF 的作用

自动变速器油缩写为“ATF”,它的作用如下:

①传递变矩的转矩。

②控制液压控制系统和行星齿轮机构中离合器和制动器的运作。

③润滑行星齿轮及其他运动部件。

④冷却旋转部件。

2. ATF 具有的性质

自动变速器油是一种高级石油基矿物油,它有多达 15 种添加剂,因此,自动变速器油具有与其他齿轮油所不同的性质。

①吸收热量并传递到油冷却器中。

②提供比较好的润滑质量。

③具有最少的油沫和隔离能力。

④在所有工作条件下保持一定的黏性。

⑤提供较好的摩擦特性而不影响润滑质量。

⑥防氧化性。

⑦与密封圈和垫圈的兼容性。

⑧与可能形成的酸中和。

⑨使污染物保持悬浮。

因此,自动变速器必须自始至终使用规定的 ATF,使用非规定的 ATF,或掺有非规定的 ATF 添加剂,都会损坏自动变速器元件。

通常自动变速器油的外观颜色为红色,与普通润滑油加以区别。

用油尺检查自动变速器液位的条件是在确保发动机怠速运转和 ATF 在正常工作温度下进行。

自测题2

1. 为什么不能将齿轮油加装到自动变速器中，作为自动变速器油使用？

2. 从自动变速器油的颜色中我们可以获得什么样的信息？

3. 当自动变速器油泄漏完时，汽车行驶会出现什么现象？应采取什么措施？

活动2　辨认液体性能

1. 辨认自动变速器液体样本，其辨认程序如下：

- 检查广口瓶中自动变速器液体样本。
- 考虑是否有几种不同的污染物影响到变速器液体。

注意：你可以去掉盖子来闻液体的气味，也可以摇一下广口瓶来确认是否有污染物在液体中。

2. 在下表中填写你认为这些样本是否适用，如果不适用给出一个理由。

样本编号	适用	不适用	不适用的理由
1			
2			
3			
4			

单元四鉴定单

<table>
<tr><th>题 目</th><th>肯定回答</th></tr>
<tr><td>你是否完成学习活动1,2和自测题1,2,并得到教师的确认?</td><td></td></tr>
<tr><td>你是否根据已有程序和预定标准,收集、分析和组织完成资料?</td><td></td></tr>
<tr><td>你是否通过标准的精确性和有效性,正确地交流信息?</td><td></td></tr>
<tr><td>你是否按计划有组织地活动完成目标?</td><td></td></tr>
<tr><td>你是否充分使用学习资源,达到学习目标?</td><td></td></tr>
<tr><td colspan="2">操作完成水平:
上述表格中所有项目必须是肯定回答。如果不是,应咨询教师。你可以要求附加有关活动,以便完成要求的操作技能。

教师签字:______________

学生签字:______________

完成日期和时间:__________</td></tr>
</table>

单元学习评估

现在你已经完成了这一单元的学习，希望你能对所参与的学习活动提出意见。

请在相应的栏目内打“✓”。	非常同意	同意	没有意见	不同意	非常不同意
1. 这一单元给我很好地提供了……的综述？					
2. 这一单元帮助理解了……的理论？					
3. 我现在对尝试……感到了自信？					
4. 该单元的内容适合我的需求？					
5. 该单元中举办了各种活动？					
6. 该单元中不同部分融合得很好？					
7. 单元学习中教师待人友善愿意帮忙？					
8. 单元学习让我做好了参加鉴定的准备？					
9. 该单元中所有的教学方法对我的学习起到了帮助作用？					
10. 该单元提供的信息量正好？					
11. 鉴定是公平、适当的？					
你对改善本科目后面单元的教学有什么建议？					

单元五 认识电子控制自动变速器的作用和组成

学习目的

通过本单元的学习，帮助你初步认识电子控制自动变速器，并形成以下能力：

①描述电子控制自动变速器的作用和组成。

②描述电子自动变速器各传感器和执行器的作用。

③识别电子自动变速器传感器的位置。

学习资源

有关电子控制自动变速器工作原理及结构的资料，可查询文字或电子文档。

各种介绍电子控制自动变速器结构原理的书籍；

个人防护用品用具；

安全的工作环境和工作场所；

各种类型的电子控制自动变速器。

学习步骤

传统的液压控制自动变速器主要由机械装置和液压系统组成。它是由发动机负荷而转变的节气门油压，与汽车行驶速度变化转变的速控液压之差，来控制换挡阀动作，改变液压回路，实现自动变速器自动换挡。这种传统的液压控制系统在工作液体流动中产生的热量消耗了大量的发动机功率；同时换挡取决于油液压力，使换挡时间稍微滞后，而不能迅速满足汽车行驶要求。随着计算机技术、传感器技术和控制技术在汽车上应用，为实现多因素变速器控制提供了便利的条件。因此，将采用计算机控制液压技术自动变速器简称为电控自动变速器。

5.1 电子控制自动变速器的作用

电子控制自动变速器与液压控制自动变速器相比，区别在于使用计算机控制系统对原有的液压控制系统进行控制，将原有的节气门位置、汽车速度两个参量扩展为多个参量输入计算机，提高了自动变速器控制功能、精度，进一步改善自动变速器性能。因此，电子控制系统具有如下作用：

利用传感器将发动机节气门位置、汽车行驶速度和各种影响发动机、变速器工作参数转换为电信号，送到电子控制系统中，经过计算机对输入信号进行处理，与计算机内存的数据进行比较，发出正确的操作指令控制液压中的电磁阀动作，调节换挡液压回路的液体压力，控制离合器和制动器动作，实现换挡时机的精确控制。

5.2 电子控制自动变速器控制优点

与传统的液压控制系统自动变速器相比，电子液压控制自动变速器具有以下优点：

①降低了发动机燃油消耗，提高整车的燃油经济性。

②提高整车的动力性，降低了排放污染。

③换挡精确、减少换挡的冲击时振动与冲击。

④简化了液压回路和控制阀，降低了液压系统结构的复杂性，降低了制造成本和维修费用。

⑤换挡更迅速，提高了整个系统的可靠性。

5.3 电子控制自动变速器的组成

目前，汽车上应用较多的计算机控制自动变速器由机械变速机构，液压系统和计算机控制系统组成。其中计算机控制系统主要由以计算机为核心的电子控制单元、进行信息转换的传感器、实现控制意图的执行器三部分组成，见图 5.1 所示。

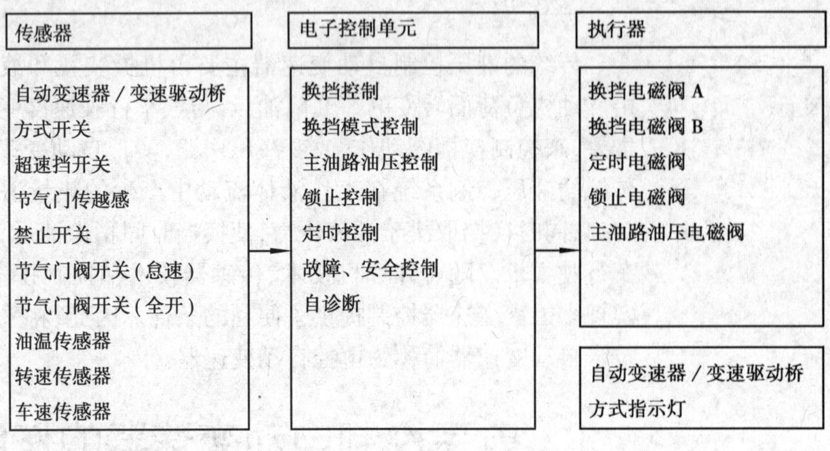

图 5.1　汽车自动变速器计算机控制系统组成

1. 信息转换装置

信息转换装置主要由各种传感器和开关组成。

(1)作用

测定发动机在不同的工作情况下,影响汽车变速的各种相关信息,并将得到的信息转换为计算机能够接受的电信号,为计算机工作提供可靠、真实的信息。

(2)组成

输入信息是控制系统工作的关键,向计算机输入的主要信息有:节气门开度、汽车行驶速度、发动机冷却水温、发动机转速、变速器油温、挡位、进气管真空度、制动、加速等。图5.2所示为电控系统输入传感器的典型位置。

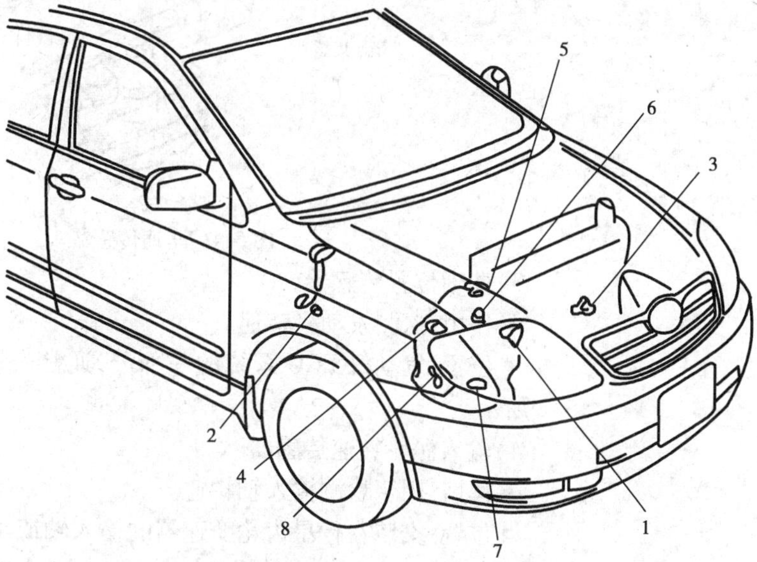

图5.2　电控系统输入传感器的典型位置

1—节气门位置传感器;2—跳合开关;3—曲轴位置传感器;4—中间轴齿轮转数传感器;5—水温传感器;6—车辆速度传感器;7—传动桥油温传感器;8—输入涡轮机转速传感器

1)节气门位置传感器

- 作用:用于探测节气门的开度角。改变换挡位置和内部液体压力。
- 位置:安装在节气门阀上,见图5.3所示。

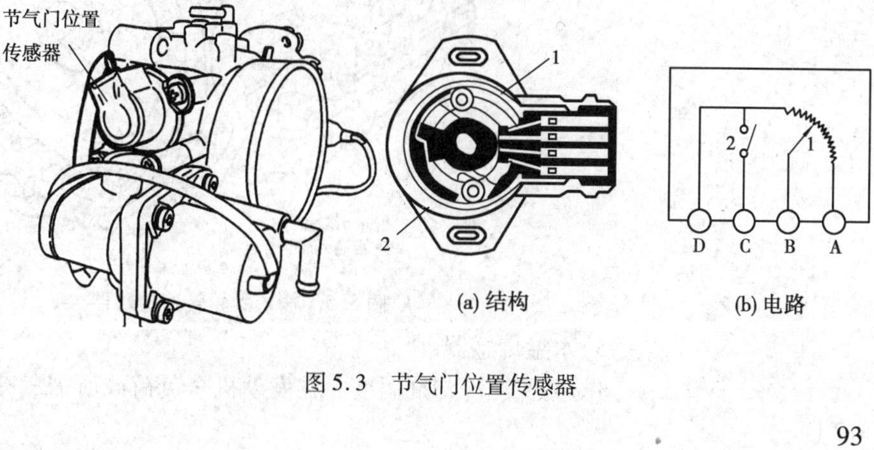

图5.3　节气门位置传感器

2）车速传感器

• 作用：探测车速，作为换挡控制的依据。

• 位置：设置到变速器输出轴附近，见图5.4所示。

• 类型：有笛簧开关式、电磁感应式、霍尔效应速度传感器三种。

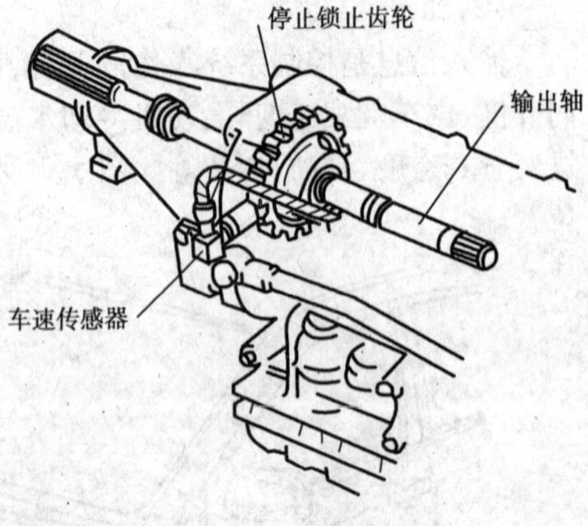

图5.4　车速传感器

3）曲轴位置传感器

• 作用：探测发动机转速。

• 位置：发动机ECU系统的一部分，通常安装在曲柄或飞轮上，见图5.2所示。

4）输入涡轮转速传感器

• 作用：用于检测输入轴转速。

• 位置：安装在行星齿轮变速器的输入轴或与输入轴联结的离合器毂附近的壳体上，见图5.5所示。

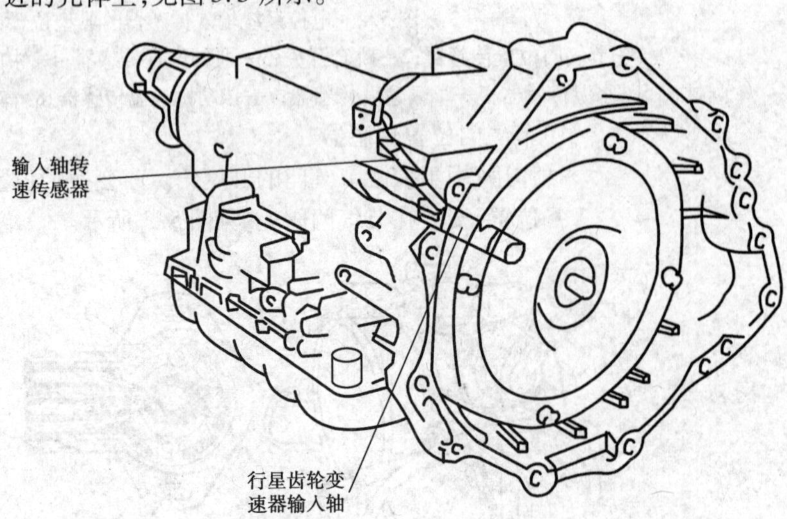

图5.5　输入涡轮转速传感器

5）水温传感器

作用：探测冷却剂温度。在发动机全负荷或所需载荷下得到合理的工作温度时给控制单元一个警告信号。

位置:安装在发动机的水道上,见图5.2所示,其结构外形见图5.6所示。

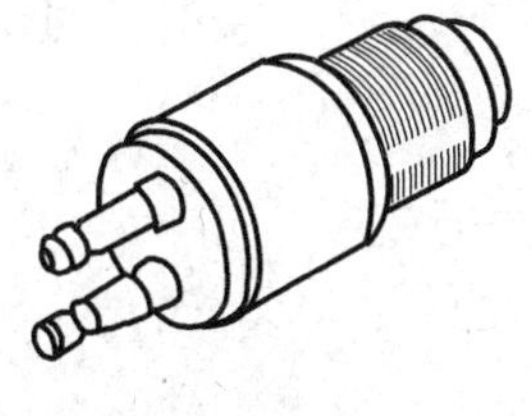

图5.6　水温传感器

6)传动桥油温传感器

作用:探测自动传动桥内ATF(自动传动桥用油)温度,作为电脑进行换挡控制、油压控制和锁止离合器控制的依据。

位置:安装在自动变速器油底壳内的阀板上,见图5.2所示。

7)空挡启动开关

作用:将变速杆位置传送到发动机和ECT ECU,用以判断选挡手柄的位置,防止发动机在驱动挡位时启动。

位置:安装在阀体手动变速杆的一端,见图5.7所示。

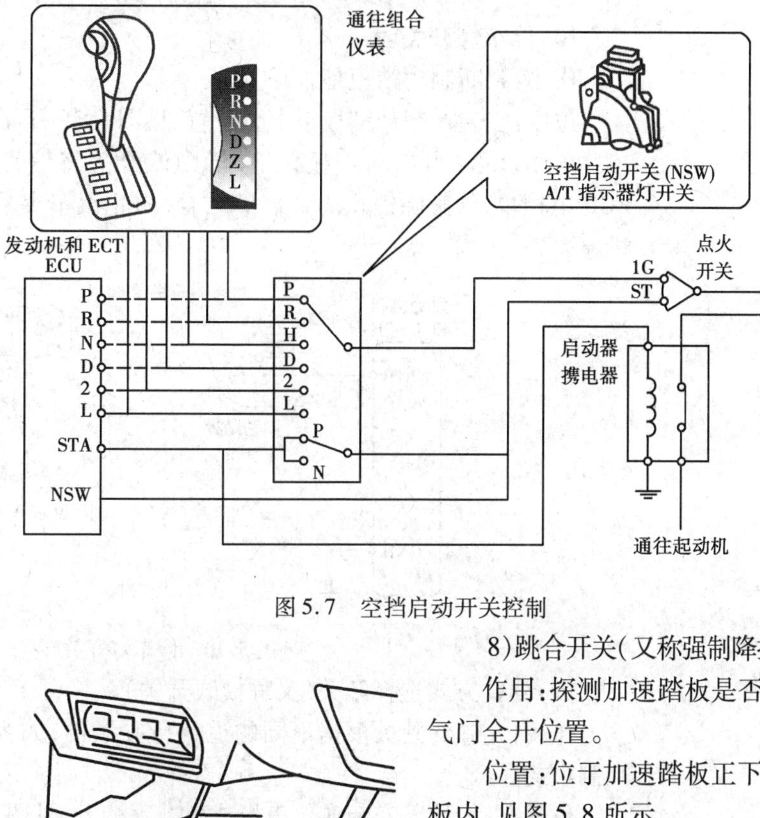

图5.7　空挡启动开关控制

8)跳合开关(又称强制降挡开关)

作用:探测加速踏板是否踩到节气门全开位置。

位置:位于加速踏板正下方的地板内,见图5.8所示。

踩下踏板至超出节气门完全打开状态时,跳合开关被加速踏板连杆压下闭合,将跳合开关信号(FKD)传递至超速挡ECU。

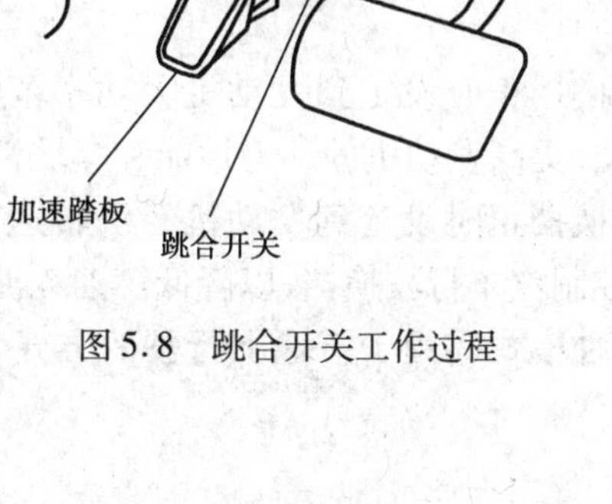

图5.8　跳合开关工作过程

9)超速挡主开关

作用:超速挡取消开关。

位置:安装在手动换挡手柄上,

见图5.9所示。

图5.9　超速挡主开关

10)停车灯开关

作用:判断制动踏板是否踩下。

位置:安装在制动踏板正上方位置,见图5.10所示。

工作过程:当制动踏板踩下时,则该开关将信号输给发动机和ECT ECU电控单元,解除锁止离合器的结合,防止汽车突然制动时而致使发动机熄火。

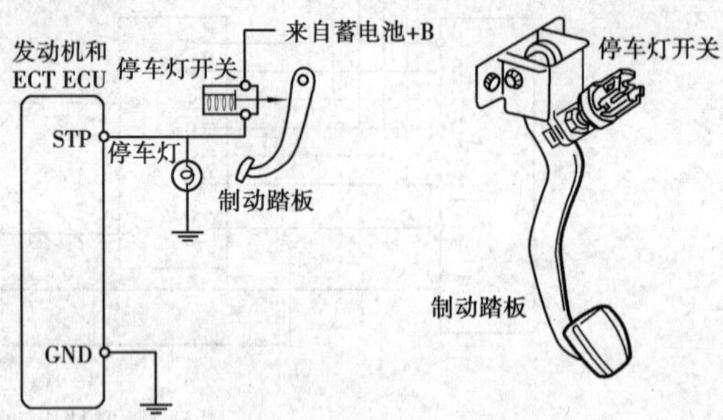

图5.10　停车灯开关

11)驾驶方式选择开关(又称模式开关)

作用:允许驾驶员根据不同的道路行驶条件,人为地选择自动变速器控制模式。

位置:一般情况安装在仪表板或换挡手柄上,见图5.11所示。

所谓控制模式主要是指自动变速器的换挡规律。常见的换挡规律有以下几种模式:

- 动力模式:将换挡正时设定到发动机大功率范围内运转,用发动机的较大负荷控制换挡,提高发动机的动力性能和爬坡性能。
- 经济模式:将换挡正时设定到发动机经济转速范围内运转,用比较小的发动机负荷来控制汽车行驶换挡,以降低燃油耗油量。
- 雪地模式:这种模式适用于雪地上行驶的方式。将设定"2"挡为工作挡时，产生发动机制动，减少牵引力，防止车轮打滑。

● 手动模式：该模式让驾驶员在1至4挡之间以手动方式选择合适挡位，使汽车像手动变速器一样行驶，而又不像手动变速器那样换挡时必须踩离合器踏板。

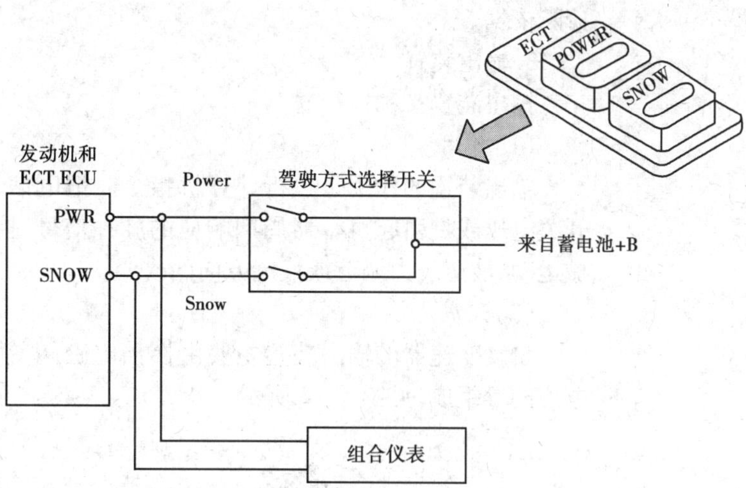

图5.11　驾驶方式选择开关

2. 电子控制单元

(1)作用

电子控制单元的作用是根据计算机中存储的程序，对传感器和控制开关输入的各种信号进行运算、分析和判断：

● 发出控制指令，控制有关执行器产生与控制指令对应的动作，使被控制的系统实现快速、准确的自动控制。

● 发出警告，甚至停止发动机和自动变速器系统工作。将发生故障的电子控制元件转换为代码记忆存储器，以便维修人员借助仪器调用故障码。

(2)组成

电控单元由微处理器、输入转换信号、输出驱动电路、电控单元软件组成。

1)微处理器

微处理器是计算机计算和作出决定的芯片，是用来接收、存储、处理和发送信息的电子装置，用户只需通过程序设定就可以达到特定功能要求。

2)输入转换信号

输入转换信号的作用是微处理器与外界联系的通道，一部分用来转换数字信号；另一部分用来不定期接收模拟信号，并转换为数字信号。

3)输出驱动电路

输出驱动电路的作用是联系协调处理器和执行器，并将驱动执行装置中有些需要的数字信号转变成模拟信号，并对转换后的信号进行放大，提高对执行器的驱动能力。

4)电控单元软件

电控单元软件可分为程序和数据两部分,程序取决于电控单元的功能,数据与程序特定部分相联系,并在控制系统自检时保持不变。

其中:自诊断与环境程序在维修人员诊断故障时调出记忆,提供故障诊断依据。

3. 输出装置

输出装置又称执行器。

(1)作用

输出装置的作用是执行计算机指令。把电信号转换为操纵电磁阀的开关电压或是引起执行器周期响应的脉冲信号,控制电磁阀移动,实现机械运动、液压压力调节或液流方向的改变。

(2)组成

自动变速器的输出装置主要由换挡电磁阀、锁止电磁阀、主油路油压电磁阀等组成,见图5.12所示。

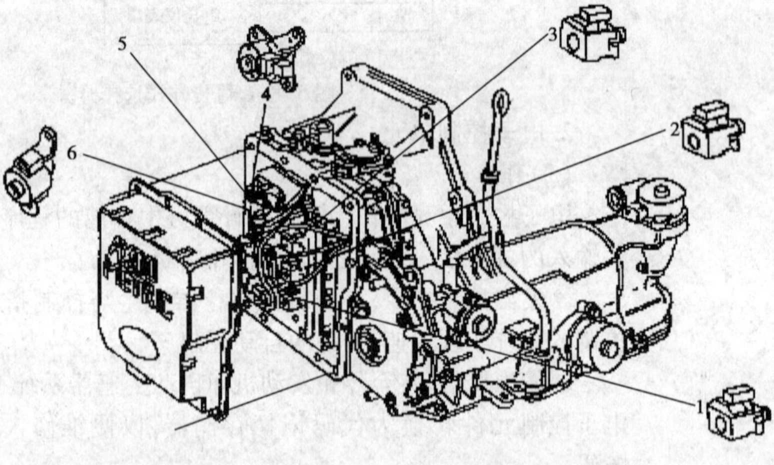

图5.12　电控自动变速驱动桥上典型执行器的位置

1—1#换挡阀;2—2#换挡阀;3—电子式油压控制电磁阀;4—锁止电磁阀;5—调节器锁止电磁阀;6—3#电磁阀

(3)电磁阀类型

常用开关式电磁阀、线性电磁阀两种类型。

1)开关式电磁阀

作用:根据ECU信号使电磁式电磁阀的接通或关闭油路,用于控制换挡阀运作。

组成:它实际上是一个开关电磁阀,由电磁线圈、衔铁、回位弹簧、阀芯和阀球组成。如:换挡1号和2号电磁阀。

工作过程:当ECU根据节气门和车速信号进行处理后,电信号是一个恒定的电压信号。如果使电磁阀接通电路,油路打开;如果使电磁阀断开电路,油路关闭,见图5.13所示。

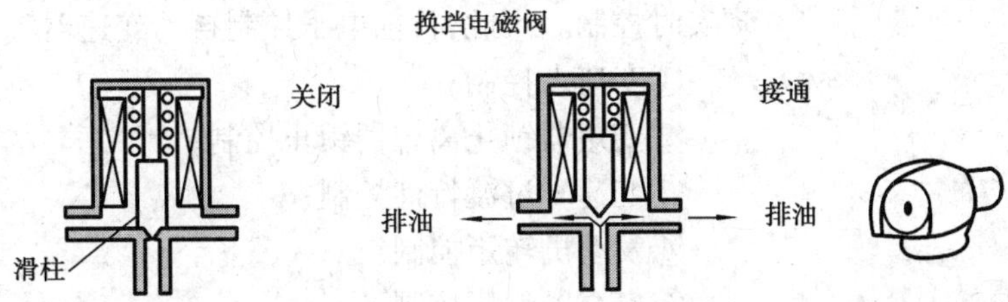

图5.13　开关式电磁阀工作过程

2)线性电磁阀

作用:根据ECU的电流以线性方式控制油路中的油压。

组成:它实际上是一个脉冲线性电磁阀,由磁线圈、衔铁、阀芯和滑阀组成。

如:节气门阀和锁止继动阀,见图5.14所示。

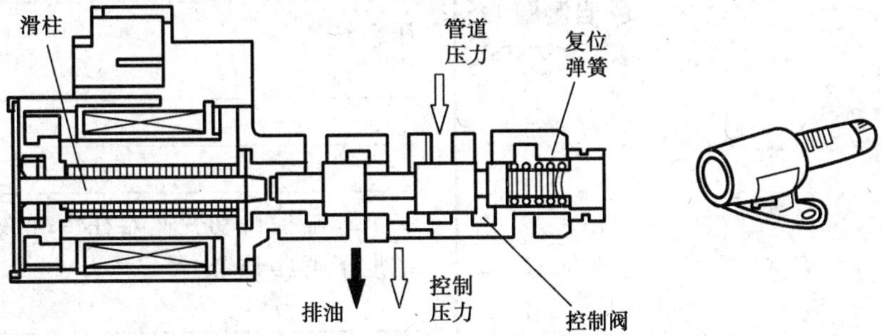

图5.14　线性电磁阀工作过程

工作过程:控制脉冲线性式电磁阀的电信号不是恒定的电压信号,而是一个固定频率的脉冲电信号。电磁阀在脉冲电信号的作用下不断反复地开启和关闭泄油孔,电脑通过改变每个脉冲周期内电流接通和断开的时间比率(称为占空比,变化范围为0%～100%),改变电磁阀开启和关闭时间的比率,来控制油路的压力。

占空比越大,经电磁阀泄出的液压油越多,油路压力就越低;反之,占空比越小,油路压力就越大。该阀一般安装在主油路或减振器背压油路上,电脑通过这种电磁阀使自动变速器升挡或降挡的瞬间油压下降,减少换挡冲击,使挡位的变换更加柔和。

从上面介绍可知:电控自动变速器控制系统一般由电控单元、传感器、执行器组成。对于维修人员来说,接触较多的是传感器和执行器,由于电控单元已设计完成,因此,维修人员正确维护传感器和执行器的工作性能是至关重要的。

5.4　电子控制自动变速器控制功能

由于电控自动变速器利用计算机运算速度快、具有多种数据分析处理功能,对影响变速换挡的各种因素进行采集、比较,选择最佳控制方案,实

现实时控制。因此,目前电子控制自动变速器实现以下主要功能:

①变速点控制;

②变矩器锁止离合器锁止控制;

③变速时过渡特性控制;

④发动机转矩控制;

⑤离合器油压控制;

⑥变速时锁止控制;

⑦车辆后座减轻控制。

随着计算机技术发展,自动变速器控制的功能不断增加,控制精度不断提高。

自测题 1

1. 为什么说电控自动变速器实现了多因素控制液压系统?

____

____

____

2. 电控自动变速器在传统液压控制系统的基础上增加了哪些装置?

____

____

____

3. 为什么维修人员应该关注传感器和电磁阀的工作性能?

____

____

活动 1　识别电控自动变速器控制系统零件

根据教师提供的车辆,辨别以下电子元件的位置,并作记录。

节流阀传感器

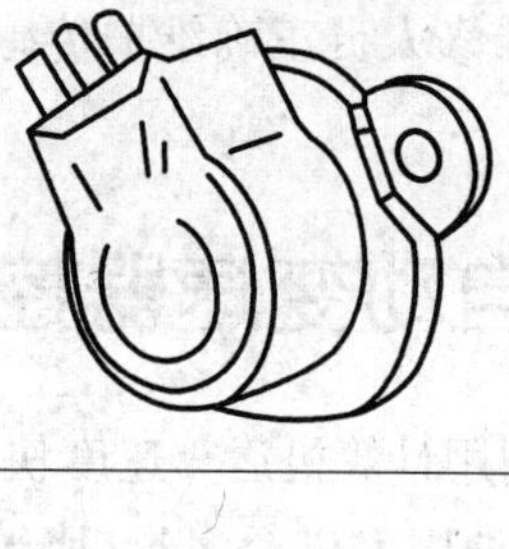

位置:

作用:

输入涡轮转速传感器

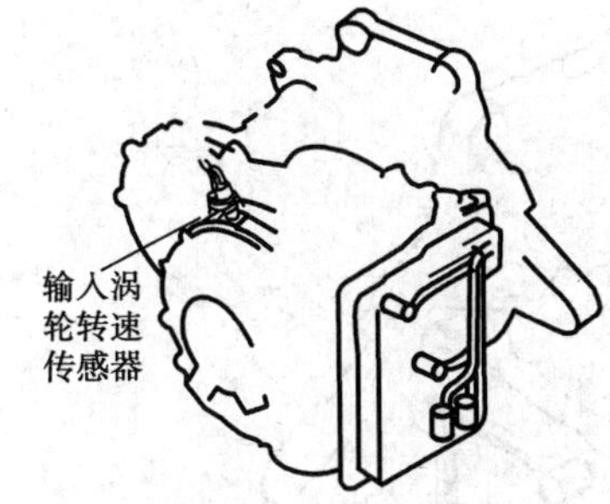

位置：
作用：

车速传感器

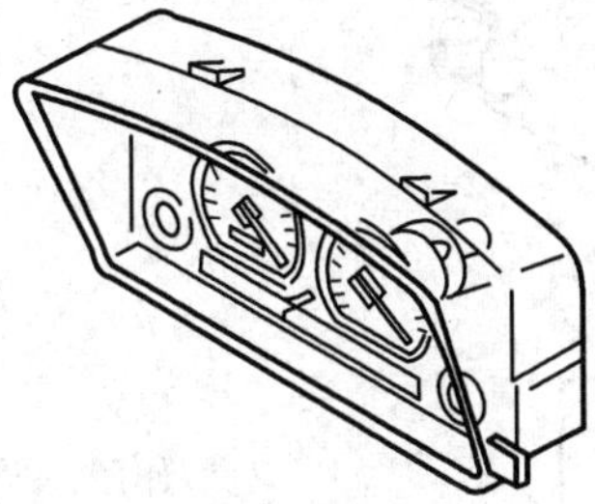

位置：
作用：

水冷却温度传感器

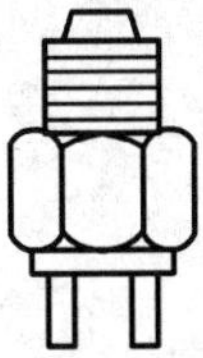

位置：
作用：

油温传感器

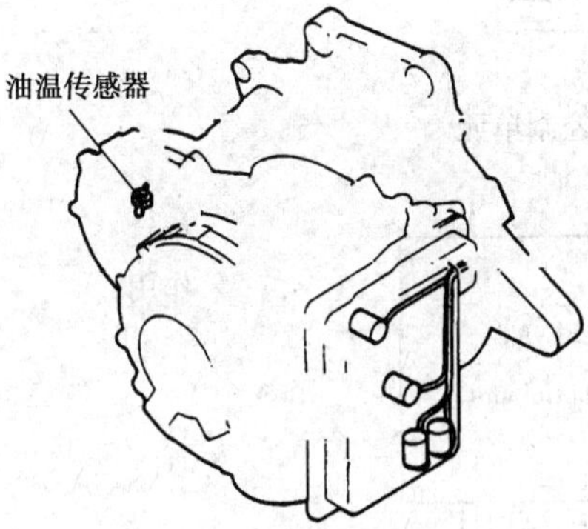

位置：
作用：

模式开关

位置：
作用：

电磁阀

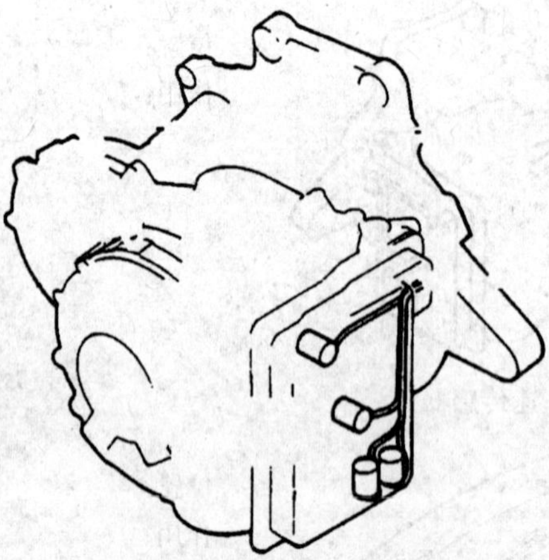

位置：

作用：

模式指示灯

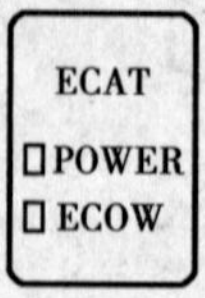

位置：

作用：

挡位和固定指示灯

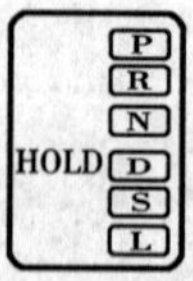

位置：

作用：

电气控制单元

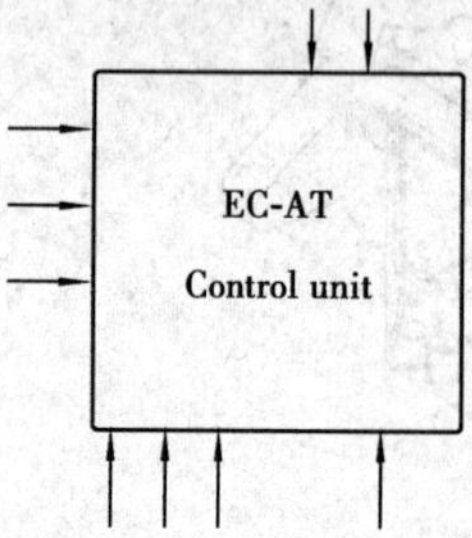

位置：

作用：

单元五鉴定单

题　目	肯定回答
你是否完成学习活动 1 和自测题 1，并得到教师的确认？	
你是否根据已有程序和预定标准，收集、分析和组织完成资料？	
你是否通过标准的精确性和有效性，正确地交流信息？	
你是否按计划有组织地完成活动目标？	
你是否充分使用学习资源，达到学习目标？	

操作完成水平：

上述表格中所有项目必须是肯定回答。如果不是，应咨询教师。你可以要求附加有关活动，以便完成要求的操作技能。

教师签字：______________

学生签字：______________

完成日期和时间：__________

单元学习评估

现在你已经完成了这一单元的学习,希望你能对所参与的学习活动提出意见。

请在相应的栏目内打“√”	非常同意	同意	没有意见	不同意	非常不同意
1. 这一单元给我很好地提供了……的综述?					
2. 这一单元帮助理解了……的理论?					
3. 我现在对尝试……感到了自信?					
4. 该单元的内容适合我的需求?					
5. 该单元中举办了各种活动?					
6. 该单元中不同部分融合得很好?					
7. 单元学习中教师待人友善愿意帮忙?					
8. 单元学习让我做好了参加鉴定的准备?					
9. 该单元中所有的教学方法对我的学习起到了帮助作用?					
10. 该单元提供的信息量正好?					
11. 鉴定是公平、适当的?					
你对改善本科目后面单元的教学有什么建议?					

单元六　实施汽车自动变速器的维护程序

学习目的

通过本单元的学习，帮助你根据维护手册维护自动变速器。

①收集和解释制造厂家的维护说明书。

②根据维护设备正确选择维修方法。

③所有的维修行为都必须执行安全操作规范。

④在不损害其他零件和系统的情况下按照规定程序进行维护。

⑤对维护结构进行适当地记录。

学习资源

车辆维护手册；

安全操作规范。

设备

个人防护用品用具；

安全设备和工具；

安全的工作环境和工作场所；

各种类型的电子控制自动变速器。

学习步骤

自动变速器维护程度取决于要维护的系统，自动变速器的调整方法取决于自动变速器的结构设计。下面介绍自动变速器维护程序的一些基本信息，只能作为指导，不能代替某种自动变速器的维护手册，对于自动变速器某些特殊的相关的信息需要参考厂家推荐的说明书进行维护。

1. 维护间隔周期

自动变速器维护间隔期通常按照制造商推荐的正常运转条件下，一般行驶 20 000 ~ 40 000 km，或者以使用两年作为维护间隔期。

- 如果制造厂家没有推荐值，自动变速器按照 30 000 km 或两年为一个维护周期。
- 如果汽车长期行驶在高度的灰尘、潮湿或者高温情况下，汽车的维护周期由行驶状况而确定,需要经常保养。

2.维护程序

为了确保变速器能恢复原来期望的工作状态,制造厂会为自动变速器提供一些维修程序。因为设计不同,这些程序也会不同,在实际维护工作中还要参考工作手册提供的程序进行维护。自动变速器通常采用以下维护程序:

- 维护前检查;
- 道路测试;
- 更换自动变速器油和滤清器;
- 检查和调整节气门拉索;
- 检查和调整换挡拉索;
- 调整空挡开关。

6.1 维护前检查

在自动变速器进行维护前检查的目的是确认是否有故障和问题发生,消除故障产生的外在因素。

1.检查自动变速器油液位和状况

(1)检查液位条件

- 检查油液面前,将车辆怠速运转一段时间,使变速器油温达到80 ℃左右。
- 车辆水平放置。

(2)液位测试方法

- 发动机保持怠速运转下,踏下制动踏板,将换挡选择杆依次换入各挡位,再回到"P"位(见图6.1所示)。

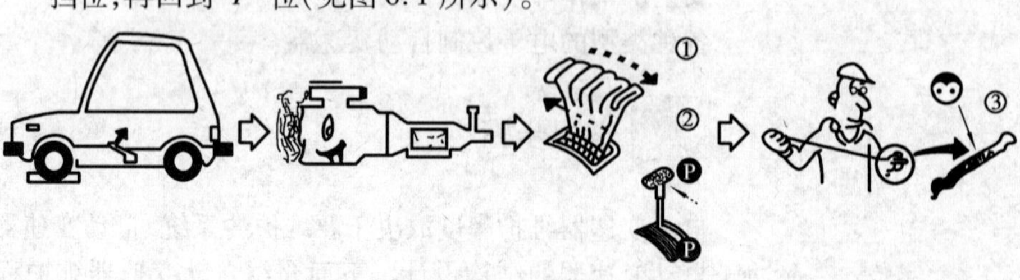

图6.1 自动变速器油液面检查步骤

- 抽取机油尺,擦干净尺身。
- 再插入机油尺,再拔出机油尺读数。检查机油尺上油面高度是否符合要求。

自动变速器机油尺的标记分为冷态和热态两种,见图6.2所示。下刻线为冷态时油面高度,上刻线为热态时油面高度。大多数汽车要求在变速器处于正常工作温度和发动机运转时测量油面高度。当油面在热态下油面过高时,应放出多余的油液,避免油液分解,导致阀体、离合器、制动器出现故障。

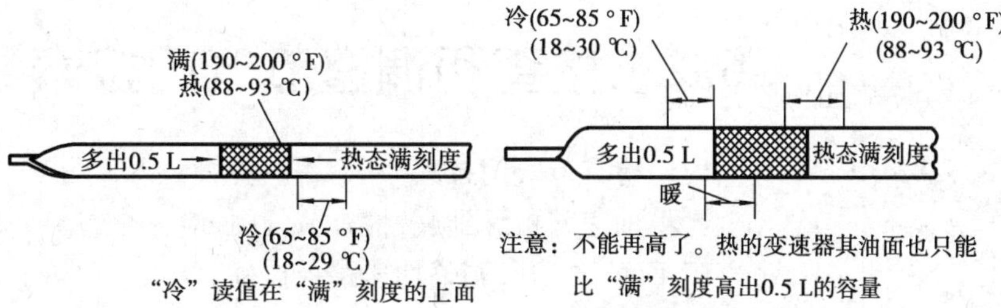

图6.2　自动变速器油尺刻度

(3)检查自动变速器油状况

1)检查油的颜色

正常的自动变速器油的颜色为红色或粉红色。因此,当油呈现以下颜色可以判断油的性能变坏,应立即更换:

黑色或黑褐色,并有焦煳气味——油液过热而变质;

乳状颜色——油液中渗入大量冷却液而乳化变质。

2)检查油液中杂质

用白色吸水纸擦干净机油尺,纸上的杂质呈现以下情况,则应该立即更换。

黑色杂质——反映自动变速器摩擦材料的颗粒。

银白色金属颗粒——反映金属零件的磨损。

机油尺沉积积碳——油液已经氧化,油液中积碳会导致滑阀粘连,引起换挡错误。

油液中出现积碳和大量沉积物——自动变速器油和滤清器需要更换。

2. 检查自动变速器外观

将自动变速器外壳擦干净,启动发动机,热机后,挂入 D 挡运转一段时间。用目视方法检查自动变速器外壳的泄漏情况,见图6.3所示。

引起泄漏的原因是:油封、O形密封圈、各种垫片破损,油管插头破裂,油管卡子松动,螺栓松动等。也不排除变速器壳体上有缺陷或气孔。

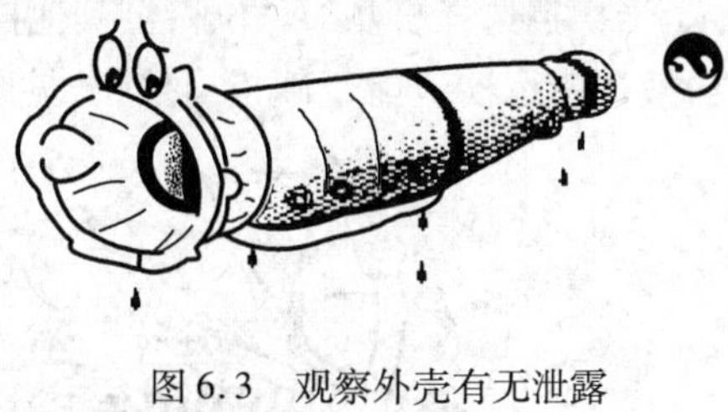

图6.3　观察外壳有无泄露

3. 检查电子元件及连接线

检查所有电线、插件和元件,对电控汽车,错误的连接、掉线都会引起变速器换挡时间的变化和工作粗暴。

4. 检查自动变速器固定状态

用手上下晃动自动变速器壳体,目视检查发动机和自动变速器连接处有无松动,连接处有无磨损。通过测量检查车身、车架是否变形。

6.2 检查和调整节气门拉索

1. 检查节气门拉索

将加速踏板踩到底,检查节气门,应完全打开,见图 6.4 所示。如果节气门不完全打开,调整加速踏板拉杆。

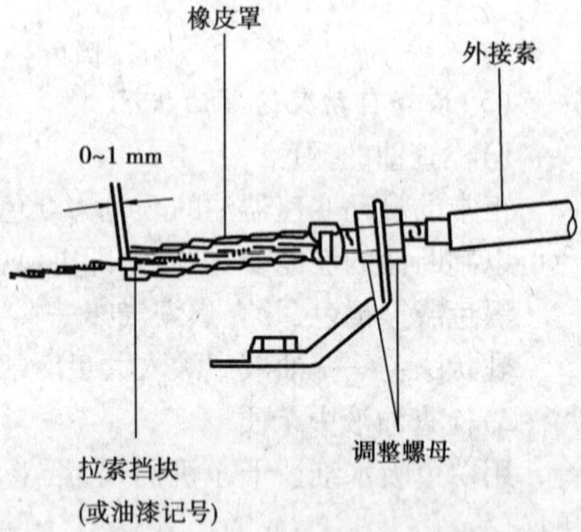

图 6.4 检查和调整节气门拉索

2. 调整节气门拉索

①继续踩着加速踏板,松开调整螺母。

②调整外拉索,使得橡皮罩末端与拉索挡块距离符合标准。

橡皮罩与拉索挡块标准距离:0 ~ 1 mm。

③拧紧调整螺母。

6.3 检查和调整换挡拉索

1. 检查换挡选择杆与挡位拉索的对应位置

当换挡选择杆从“*N*”位移至其他挡位时,检查该杆应能准确、平滑地换挡,换挡指示器应能正确指出挡位,见图 6.5 所示。

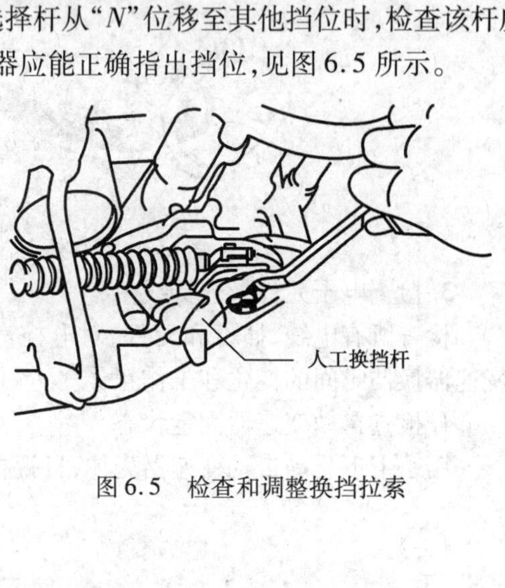

图 6.5 检查和调整换挡拉索

2. 调整换挡拉索

如果指示器与正确挡位记号不对准，按照下列步骤进行调整：

①拧松人工换挡杆上的旋转螺母。

②将人工换挡杆尽量向车辆右侧推。

③将人工换挡杆退回两格，至空挡位置。

④将人工换挡杆设置于"*N*"挡。

⑤一边轻轻地将人工换挡杆向"*R*"挡域一侧推，一边拧紧旋转螺母。

6.4　调整空挡开关

如果发动机除了在"*N*"或"*P*"位，均能在换挡选择杆处于其他挡位下启动，就必须对空挡开关进行以下调整，见图 6.6 所示。

①拧松空挡开关螺母，并将换挡杆设定在"*N*"位。

②使凹槽与空挡位置线对准。

③将空挡开关保持定位，拧紧螺栓，扭矩：5.4 N·m。

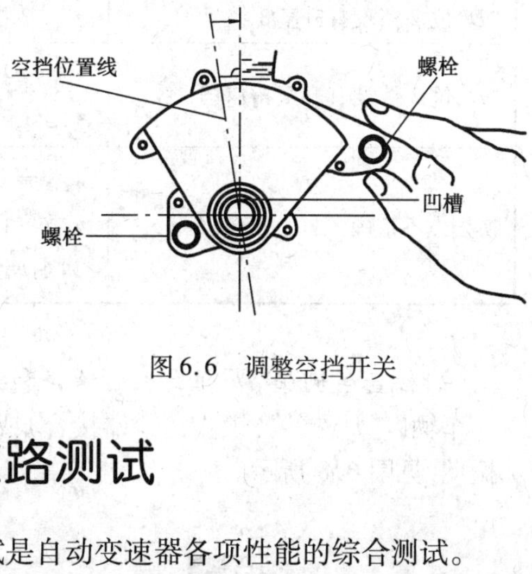

图 6.6　调整空挡开关

6.5　道路测试

道路测试是自动变速器各项性能的综合测试。

此项测试目的是在车辆实际行驶时，通过变速挡换高、低挡，检测换挡点是否符合标准值，检查换挡振动、打滑、异常噪声等情况，检查液力变矩器的锁定情况、检查变速杆在各位置的换挡范围和发动机制动状况等。

1. 测试条件

在变速器油正常工作温度（50～80 ℃ 即 122～176 ℉）下进行此项测试。

2. "*D*"位测试步骤

换挡选择杆至"*D*"位，将加速踏板踩到底。

(1) 测试"*D*"位升挡点

用耳朵听或感觉振动换挡过程。应由"*D*"位 1 挡换至 2 挡，2 挡换至 3 挡，3 挡换至超速挡的升挡时间和速度，换挡点应与自动换挡表符合，见图 6.7 所示。

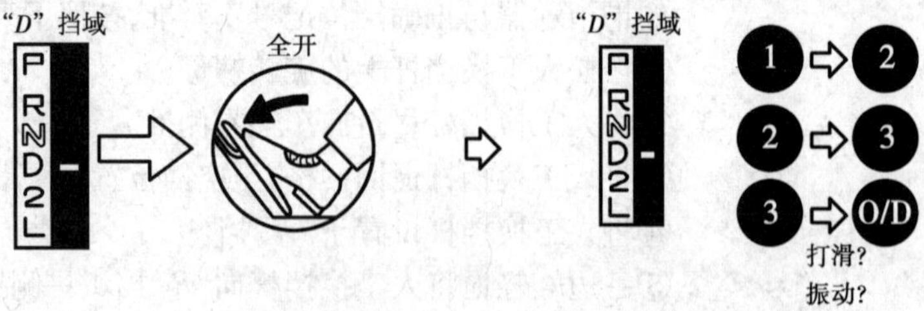

图 6.7 "D"位升挡点测试

故障判断:当"D"位升挡过程测试如果出现表 6.1 中的现象,其产生原因见表 6.1。

表 6.1 "D"位升挡过程测试分析

"D"位升挡点的速度与升挡时间	故障产生原因
"D"位 1 挡没有升至 2 挡	• 速控液压阀有故障 • 1—2 挡换挡阀卡住
"D"位 2 挡没有升至 3 挡	• 2—3 挡换挡阀卡住
"D"位 3 挡没有升至超速挡	• 3—4 挡换挡阀卡住 • 超速挡电磁阀出故障
换挡点不正确	• 节气门拉索调整不当 • 节气门阀、1—2 挡换挡阀、2—3 挡换挡阀,或者 3—4 挡换挡阀等可能出故障

(2)检查车辆在"D"位行驶时噪声和振动

车辆以"D"挡域(锁止离合器接合)或超速挡行驶,检查有无异常噪声和振动,见图 6.8 所示。

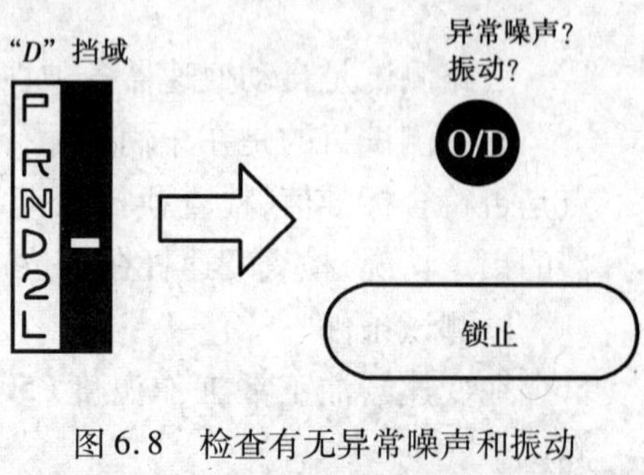

图 6.8 检查有无异常噪声和振动

备注:检查异常噪声和振动的原因时,必须格外小心。因为这些现象也可能是驱动轴、轮胎、变矩器失去平衡所致。

(3)测试"D"位降挡点

以同样的方法,检查"D"位超速挡降至 3 挡、3 挡降至 2 挡、2 挡降至 1 挡时振动与打滑情况。降挡点应与自动换挡表所示可能换低挡速度相符,见图 6.9 所示。

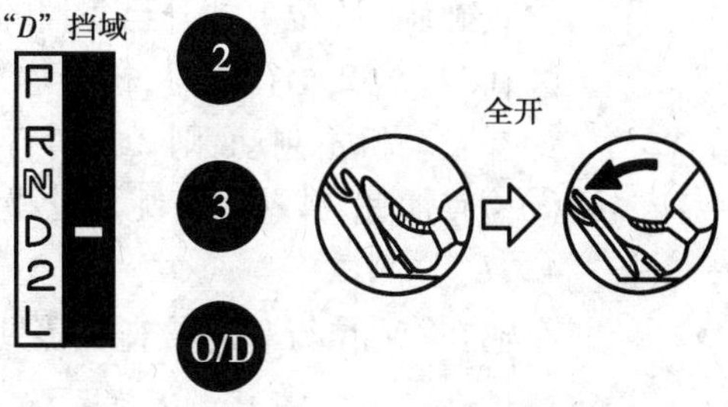

图 6.9　"D"位降挡点检查

故障判断:当"D"位降挡过程测试如果振动过大或打滑现象,其产生原因如下:

- 管道压力太高;
- 储能减振器出故障;
- 止逆阀卡住。

(4)检查变矩器锁止机构

- 车辆以大约 70 km/h 的稳定速度,在"D"位超速挡行驶(锁止机构接合),见图 6.10 所示。

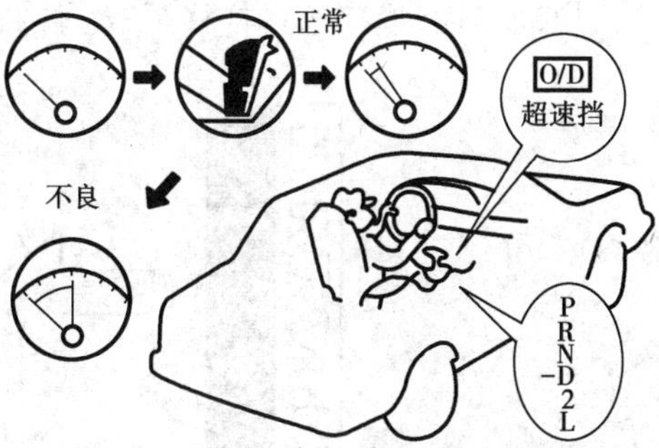

图 6.10　检查变矩器锁止机构

- 轻轻踩下加速踏板,检查发动机转速,不应突然改变。
- 如果发动机转速有很大突变,那么锁止离合器没有工作。

3."2"位测试步骤

换挡选择杆移至"2"位,将加速踏板踩到底,检查下列事项,见图 6.11 所示。

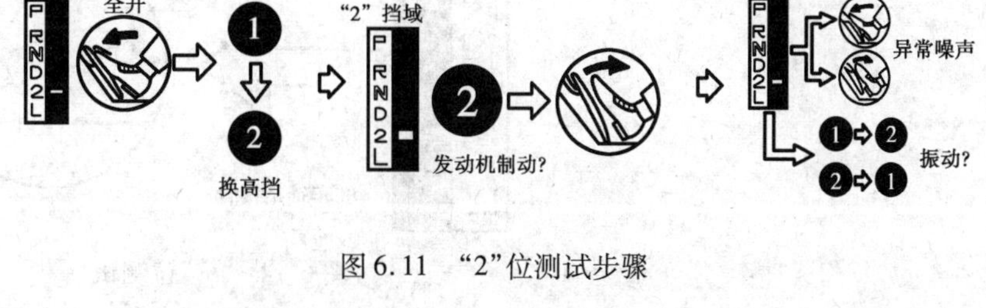

图 6.11　"2"位测试步骤

①检查"2"位升挡点。

检查确认"2"位1挡升至2挡的换挡过程,换挡点应符合自动换挡图。

②在"2"位2挡行驶时,松开加速踏板,进行检查,应有发动机制动。

如果发动机不制动,则2挡滑行制动器可能出故障。

③检查加速、减速时有无异常噪声,以及换高挡、换低挡有无振动。

4. "*L*"位测试

车辆在"*L*"位行驶时检查步骤见图6.12所示。

图6.12 "*L*"位测试步骤

①车辆在"*L*"位行驶时进行检查,不应有换高挡至第2挡。

②车辆在"*L*"位行驶时,松开加速踏板,检查有无发动机制动。

如果没有发动机制动,则1挡及倒车挡制动器可能有故障。

③检查加速、减速有无异常噪声。

5. "*R*"位测试

启动车辆,换挡选择杆移至"*R*"位,检查有无打滑,见图6.13所示。

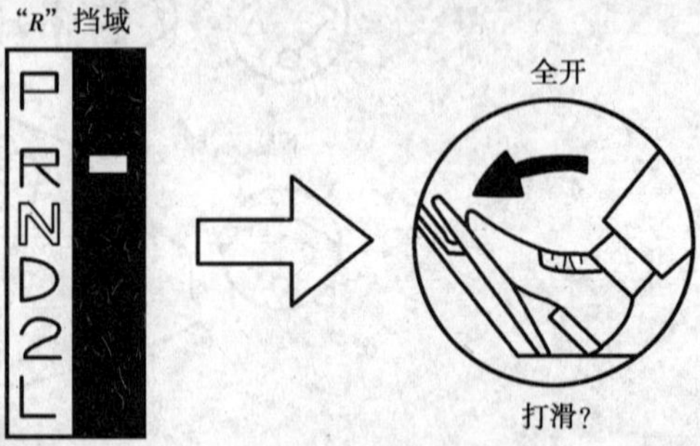

图6.13 "*R*"位测试

6. "*P*"位测试

车辆停在斜坡(5°以上)上,在换挡选择杆移至"*P*"位以后,松开驻车制动器。检查驻车锁爪,应能将车子停稳不动,见图6.14所示。

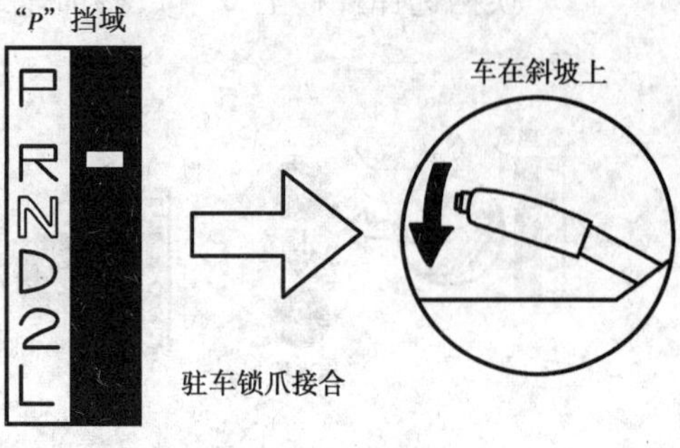

图6.14 "*P*"位测试

6.6　更换自动变速器油和滤清器

通过自动变速器维护前检查,你已经知道维护中需要进行更换机油,清洗或更换滤清器。

1. 车辆安全的定位

注意

- 换挡选择杆放置于“P”位。
- 拉起驻车制动器。
- 用楔块楔住车轮子。

2. 举升车辆

用举升机将车辆升起到与你身高相适应的高度(见图 6.15 所示)。

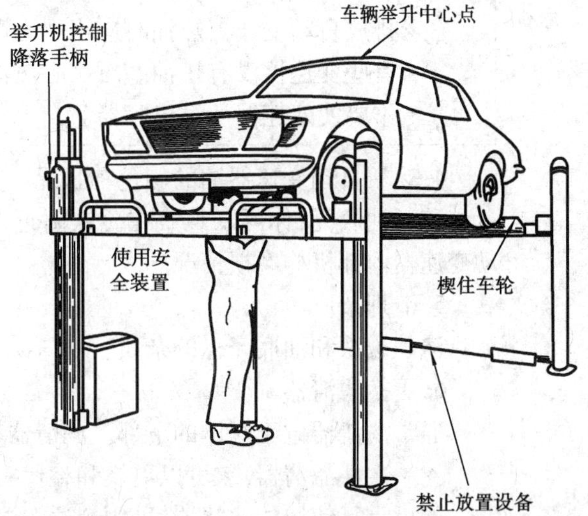

图 6.15　正确举起举升机

3. 排放自动变速器油

由于自动变速器结构不同,因此排放变速器油有两种形式:一种是通过放油塞放油,另一种是将拆下油底壳排放。

为了使自动变速器油排放干净,通常是在热态工作下排放,见图 6.16 所示。

图 6.16　排放自动变速器油

注意

- 排放自动变速器热油时应当小心以防烫伤。
- 有些变速器没有排油塞时小心热油会乱溅。
- 不要使变速器油溢出容器。

4. 观察自动变速器油的颜色和状况

移开油底壳，你可以观察在磁铁附近沉淀的杂质，分析机油变质和自动变速器内部机构磨损情况。

5. 清理杂质

清理磁铁和油底壳上的杂质。

6. 更换滤清器

通常滤清器位于阀体的下部。滤清器有两种类型：

- 一次性滤清器，它可以更换和替代。
- 可重复使用的滤清器，可用合适的溶剂进行清洗后重新使用。

7. 加装自动变速器油

- 选择和更换油底壳密封垫。
- 安装油底壳到壳体上。
- 选择厂商推荐的自动变速器油型号，加注自动变速器油至规定的液位。

当你完成汽车道路测试后，应该在运行温度下重新检查自动变速器油液位，确保油位在高温刻度满值。

6.7　填写维护文件

在完成车辆维护后，应该及时填写维护文件，完成相关文档工作，并将文档提交顾客和档案室。

自测题 1

1. 对自动变速器维护时需要什么样的程序?

2. 多久对自动变速器维护一次?

3. 怎样检测自动变速器液位?

4. 请你列出在自动变速器上工作时的6项安全措施。

活动　实施自动变速器维护程序

根据教师提供的车辆,按照下列程序完成自动变速器维护工作。

1)收集和查找车辆维护手册和有关顾客提供的使用信息。

2)选择正确的工具和设备。

3)实施自动变速器维护程序。

4)填写维护报告。

车辆信息	
车辆制造厂商	
车辆类型	
速度表读数	
自动变速器型号	
自动变速器序列号	

你是否查询车辆维护手册?　是　不是

你对顾客和主管提出的维护车辆建议是否有问题和困难?

是　不是

设备和工具名称：

检查自动变速器油液位水平	正确　高　低
检查自动变速器油液状况(颜色和气味)	优　差
检查空挡开关和换挡拉索	
发动机在“P”位和“N”位启动	是　不是
发动机在“D”位和“R”位不启动	是　不是
空挡开关是否需要调整	是　不是
换挡拉索是否需要调整	是　不是
换挡选择杆换挡操作	
“P”位汽车不动	是　不是
“R”位发动机工作,踩制动踏板,制动器结合正常	是　不是
“N”位发动机不工作,踩制动踏板,车辆不移动	是　不是
“D”位发动机工作,踩制动踏板,制动器结合正常	是　不是
检查发动机转速和节气门位置	
怠速测定值__________________,在规定范围值之内	是　不是
怠速时节气门是否打开	是　不是
检查变速器电子元件连接线	
连接线有无破损	是　不是
连接状态是否良好	是　不是
检查软管和细管	
自动变速器油冷却器工作状态是否良好	是　不是
真空管工作状态是否良好	是　不是
道路测试	
D 位自动升挡是否均在规定之内	是　不是
升挡是否出现振动或噪声	是　不是
D 位自动降挡是否均在规定之内	是　不是
降挡出现振动或噪声	是　不是
手动换挡较好的减速性能	是　不是
L 位可实现发动机制动	是　不是

R 位可实现发动机制动		是　不是
异常噪声		是　不是
振动		是　不是
其他		是　不是
出现的异常现象说明		
排放自动变速器油液		
变速器内油液排干		是
变矩器内油液排干		是
油液状态		
拆下油底壳		是
磁铁状况		清洁　污染
如果污染,指出污染类型和来源		
如果污染过多,应向教师提出更换自动变速器液体的申请。		是
滤清器		
按照规定程序拆除滤清器		是
干净的或替换的滤清器		是
更新的滤清器		是
检查油箱的清洁状态和密封能力		是
选择新的符合型号要求的油底壳密封垫		是
按照制造厂家推荐的自动变速器种类和型号		是
按照规定程序加注自动变速器油		是
重新检查液位水平	正确	是
	低	是
	溢出	是
较好的换挡性能		
在节气门全开之前强制降挡		是　不是
只有在节气门全开时强制降挡		是　不是
调整换挡装置		
电缆		是
连接		是

开关 是

变速器油液最终检查(调整到适当水平) 是

完成情况说明

____

____

鉴定师签字:________________

日期:____________________

单元六鉴定单

题　目	肯定回答
你是否完成学习活动1和自测题1,并得到教师的确认?	
你是否根据已有程序和预定标准,收集、分析和组织完成资料?	
你是否通过标准的精确性和有效性,正确地交流信息?	
你是否按计划有组织地完成活动目标?	
你是否充分使用学习资源,达到学习目标?	

操作完成水平:

上述表格中所有项目必须是肯定回答。如果不是,应咨询教师。你可以要求附加有关活动,以便完成要求的操作技能。

教师签字:________________________

学生签字:________________________

完成日期和时间:__________________

单元学习评估

现在你已经完成了这一单元的学习，希望你能对所参与的学习活动提出意见。

请在相应的栏目内打"✓"	非常同意	同意	没有意见	不同意	非常不同意
1. 这一单元给我很好地提供了……的综述？					
2. 这一单元帮助理解了……的理论？					
3. 我现在对尝试……感到了自信？					
4. 该单元的内容适合我的需求？					
5. 该单元中举办了各种活动？					
6. 该单元中不同部分融合得很好？					
7. 单元学习中教师待人友善愿意帮忙？					
8. 单元学习让我做好了参加鉴定的准备？					
9. 该单元中所有的教学方法对我的学习起到了帮助作用？					
10. 该单元提供的信息量正好？					
11. 鉴定是公平、适当的？					
你对改善本科目后面单元的教学有什么建议？					

参考文献

[1] 赵计平,刘渝,李雷.汽车维修技术人员培训能力标准[M].重庆:重庆大学出版社,2006.

[2] 朱讯.汽车自动变速器维修[M].北京:机械工业出版社,2002.

[3] 丰田汽车培训.STEP3 丰田诊断技术员底盘课程 2——自动变速器[M].丰田汽车公司,2004.

[4] 丰田汽车维修技术教育.自动传动桥/变速器培训手册[M].丰田汽车公司,1994.

[5] 朱军汽车实验室.液力自动变速器原理与维修[J].汽车与驾驶维修杂志社增刊,2002.

[6] 贺展开.汽车维修工实训教程(上)[M].北京:机械工业出版社,2005.

[7] 贺展开.汽车维修工实训教程(下)[M].北京:机械工业出版社,2005.

[8] 贺展开,黄清伟.汽车检修实验指导[M].北京:机械工业出版社,2006.

[9] 栾琪文.国产汽车自动变速器实用维修图集[M].辽宁:辽宁科学技术出版社,2006.

[10] 金加龙.汽车底盘构造与维修[M].北京:电子工业出版社,2005.